于丹
《论语》心得
（新版）

于丹 著

生活·讀書·新知 三联书店

序

关于父亲
——我与《论语》的缘起

于 丹

"子在川上,曰:'逝者如斯夫!不舍昼夜。'"

十年前讲《论语》心得时,对这么熟悉的句子并无特别心得;而今默默念起,竟然觉得惊心动魄。流光如同显影液,把生命深处那些隽永的意味一层层显示出来,渐次清晰,像一个又一个证据,静默而执拗地排列在那里,让人恍然明白了关于自己的一些谜底。

《论语》之于我,到底是怎样的缘起?终究有怎样的意义?每每我独对一壶清茶,一炉沉香的时候,这个问题就会和氤氲的茶气和缭绕的轻烟纠缠在一起,然后,我就会想起父亲。

父亲辞世十六年,对于他的渐渐懂得,却是我讲《论语》心得之后这十来年的事情,像是他留给我的一个个旧信物,因为《论语》的缘故,终于被逐个打开。

（一）

我开始记事的时候，父亲已经下放了。当时父亲在北京市委工作，下放到密云。妈妈在北京市财税局工作，下放到通县。一个月我也未必能见上他们一面，爸爸妈妈都在身边的日子更是少得可怜，那样的匆匆团聚几乎就是我的节日了。

最早听见"论语"这个词，就是在这样一次团聚里。大概在我四岁那年，记不清劳动节还是国庆节了，爸爸妈妈带我出去参加一次人很多的聚会，小小的我平时只是和姥姥待在家里，忽然见到那么多陌生的大人，惶惶然躲在妈妈身后不肯出来。父亲一手抱起我，另一只手指着大家说："丫头儿，《论语》上说'三人行，必有我师焉'，这么多人里，有不少叔叔阿姨都是好老师呢，你自己去看看谁能当老师，回来告诉爸爸。"

我转了一圈回来告诉爸爸，有个特别好的阿姨总是照顾我和别的小朋友，她肯定是老师；有个嗓门特别高的叔叔随地吐痰，他肯定不是老师。爸爸说："是呀，阿姨那么好，你要像她那样对别人，这就叫'见贤思齐'；那个吐痰的叔叔呀，其实也是'老师'，因为你要提醒自己不能像他那样做，这就叫'见不贤而内自省'。"

我很不屑，我才不会像他那样呢，我们小孩儿都觉得他没礼貌。爸爸说，是呀，公共场合有人监督，别人一提醒，吐痰的人就会改正。可是没人监督的时候自己能不能做到君子"日三省乎己"呀，这就叫作君子"慎独"。

父亲讲这些我似懂非懂的道理，几乎每次都以我不耐烦地跑开而告结束。似乎父亲从来没有把我拉回来一定讲下去，也从来没让我背过《论语》，但是那些零零散散的言辞道理却一点点留在我记忆中了。

那个时候父亲真正让我背诵过的东西是诗词，从毛泽东诗词到古诗词都背。还记得有个春天，在北海公园，父亲指着一树繁盛的碧桃花教我背诵"东城渐觉风光好，縠皱波纹迎客棹。绿杨烟外晓寒轻，红杏枝头春意闹"。然后问我："丫头儿觉得这些花儿闹不闹？"

我仰脸望着一朵朵密密匝匝挤在枝头的碧桃花，安静而绚烂："不闹呀，花儿又不会跑，怎么能闹呢？"

父亲把我举起来架上肩膀："花儿不会跑我们跑，丫头儿坐好了，抱住爸爸的头。"然后爸爸就抓着我的小腿绕着那一树繁花奔跑起来，一瞬间，枝枝杈杈上粉红色的花朵喧喧攘攘挤挤挨挨地闹腾起来，喜得我拍着小手叫着："闹啦闹啦好闹呀！"

父亲站定，微喘着给我讲什么叫"着一'闹'字，春意全出"，为什么"春意闹"就比"春意放""春意绽""春意开"都更加传神。

许多年之后，我才知道这四句只是宋祁《玉楼春》的上半阕，下半阕还有四句："浮生长恨欢娱少，肯爱千金轻一笑。为君持酒劝斜阳，且向花间留晚照。"

站在一轮又一轮或浓或淡的夕阳底下，眺望幼年时那一树春花，我终于明白在父亲肩头上看见的花枝春满是怎样的意味，只是我已经不能为他持酒劝斜阳了。那些不经意的缘起，在父亲辞世多年之后，才慢慢结出果实，让我独自浮现出感伤的微笑。

（二）

在小时候的印象里，爷爷家规矩很多。不用说吃饭必定是爷爷奶奶上了桌大家才能动筷子，就是父亲这位长兄回家，我的叔叔姑姑们也必定起立问上一句："大哥回来啦！"说话时，都是要站定或坐下来，不能一边聊着一边就走过去了。父亲告诉我，这就叫作"孝"与"悌"。

父亲还告诉我，一位叫曾国藩的湖南人说过：看一户人家的门风如何，主要看他家孩子能不能做到三件事：每天早起；爱干活儿；爱读书。在早起这件事上，因为父亲不常在家，我被姥姥宠溺得打了不少折扣，但是干活儿和读书这两件事爸爸是不肯让步的，"有事，弟子服其劳"，是父亲挂在嘴边上的一句话。

在我的记忆中，劳动是件充满仪式感的事情。

譬如削水果，父亲必定左手端执一个洗净的苹果或梨，右手的果刀"啪"地一下，在果子上端磕开一个小口儿，从这里削开去，一圈一圈的果皮薄厚宽窄都是均匀的，一直削完，都不会断掉。那齐整的果皮，盘旋逶迤在搪瓷盘子里，像一幅静物写生。

再譬如扫地，父亲教我握了笤帚，一定从屋子靠窗的一侧左面的角落扫起，一笤帚挨着一笤帚，中间不能有疏漏的地方，扫过的地面，如同用空气给水泥涂过一层清漆，不留一痕灰尘。各个屋子扫下的尘土，一律扫到厨房门口，那里有个三四毫米的小落差，恰好把簸箕的边缘卡住，灰尘完整利落地扫进簸箕里。扫完之后，才可以用墩布擦地。

最有趣的是包饺子。姥姥家是旗人，带出的妈妈、姨妈、舅妈都是东北习惯，用筷子挑馅儿，捏出月牙形花边饺子；奶奶家是上海人，习惯用一只一指多宽的长竹板挑馅儿，装好后竹板闪到食指中指间夹住，两手虎口一合，挤出元宝形饺子。这样清晰的南派、北派文化，每次包饺子时候，都碰撞得趣味横生，妈妈笑话爸爸挤出饺子没有花边，爸爸打趣妈妈放筷子捏花边包成一个饺子，还不如爸爸挤出两个饺子速度快。

而今，家里亮锃锃的木地板，已经用不到笤帚扫，冰箱里速冻饺子几乎没有断过补充，我惆怅地想起当年那些关于劳动的仪式，果然如同纳兰词的滋味，"当时只道是寻常"。

（三）

长大以后我才越来越清晰地明白，一个人对世界的基本态度，来自于他的原生家庭。作为一个女人，对于人性和爱情的判断，则往往与她的父亲有很大关联。

也许因为小的时候在父亲身边的时间太少，我对父亲一向是敬爱大于亲密。在我童年的记忆里，父亲长方形的脸上架一副长方形黑框眼镜，中山装总是系住最上面的一粒领扣，即使宠爱我这个四十岁才抱上的独生女儿，父亲也很少流露出来。小时候，我看着同学们年轻的爸爸和女儿嘻嘻哈哈打打闹闹，心里总有一股说不出来的滋味，比羡慕要淡，比惆怅要深。

父亲做人是约束而节制的，他的爱同样约束而节制。

父亲的生日是农历十一月底，阳历日子有时在年底，有时转到下一年年初，一定是很冷的时节。童年印象里的冬天，可以堆好大的雪人，似乎比现在的冬天地道很多，真正称得上冰天雪地。父亲六十大寿的那个冬天特别冷，冷是刻在我的骨节里的，因为我用师范生的助学金，给爸爸买了一个奶油蛋糕，夹在自行车架上怕掉了，挂在车把上怕歪了。只好左手拎着蛋糕盒子，右手扶着车把骑回家。从大学到家里不算太近，不能换姿势，连刹车捏闸都只能用右手，一路下来，寒冷透过毛线手套，硬邦邦刻在骨节里。

我兴冲冲地把蛋糕放在桌上，中午薄薄的阳光镀在盒子上。"爸，等我晚上放学咱们吃蛋糕过生日啊！"

"蛋糕都是你们小孩子喜欢的东西，还买这个干什么？"父亲淡淡地一笑，言辞也是淡淡的。

整个下午，我都在学校。回到家后，晚饭时还是热闹的，虽然全家只有我们三个人，捧着蛋糕祝福爸爸的那一刻也其乐融融。

十六年之后，父亲辞世，陪着妈妈闲聊天的时候，我才知道了那个寿诞日里藏着一个秘密。

那个下午我去上学不久，家里来了一位世交家的儿子，喊着大伯大妈，哇啦啦说着一个大一新生的校园小心情，父亲一向喜欢这个阳光大男孩，指着桌上没拆开的蛋糕说，你姐姐买的这个，我也不爱吃，你拿学校去吧。胖小子欢天喜地就拎走了。

冬天的太阳总是吝啬的，午后不久就暗淡下去。爸爸忽然开始围上围巾，穿上大衣往外走，嗫嗫嚅嚅地对妈妈说："我做错事儿了，丫头儿给我买的生日蛋糕，不爱吃也不能给人呀，快帮我想想是什么牌子的，蛋糕什么样子……"

据妈妈后来说，那个寒冷的午后，老两口像侦探还原现场一样描述着关于蛋糕的种种特征，然后父亲骑上自行车，沿着西四西单那一路挨家寻找，终于赶在我放学回家前一小会儿拎回了一盒相似度极高的蛋糕。

这件事情让父亲暗中颇为得意。尽管在此之前和在此之后，他都没有进过蛋糕店，但是从西四到西单，这是父亲带我逛书店最熟悉的线路，他居然选对了一个可以瞒过我的蛋糕，这比吃蛋糕本身让父亲快乐得多很多。

（四）

父亲是一个很寂寞的人。

小的时候，我不很懂他，觉得不苟言笑的父亲是寂寞的；长大以后，渐渐懂得了一些他的心事，竟然觉出他更多的寂寞来。父亲的内心是一座苍茫的空山，心里回荡的声音可以撞击出空空的回响。

他的寂寞来自于内心那些深深的确信。少年时的我曾经以为内心有信仰的人是不寂寞的，人到中年时我才明白：内心无信仰的人会感到迷茫，但坚守笃信的人才是真正的大寂寞，那种坚硬、强大的寂寞。

父亲曾经对我说过一句话："我的信仰是马克思主义加儒学。"后来我明白：父亲一生的轨迹都可以循着这个渊源倒溯回去，每一步都踏在他内心的抉择上。

我问过妈妈，一直在上海读了小学、中学、大学的父亲怎么来的北京，妈妈轻描淡写地告诉我：解放前夕，地下党的学生组织暴露了，父亲连夜出沪，投奔北平，进入市人民委员会工作，妈妈第一次见到父亲，就是坐在市委党校的课堂里听他讲课。

最近这十来年，我越来越想知道：在从"文化大革命"到"批林批孔"那个阶段，父亲怀疑过"马克思主义加儒学"这个信仰吗？

当我真正触及一些灵魂拷问的时候，我已经无法去叩响那扇寂寞一生的窗户。

《于丹〈论语〉心得》的英文版标题是 *Confucius from the Heart*，而我在小学时第一次学习 confucius 这个单词的时候，前面的动词是 criticize。我们那时的拍手歌也是"你拍一，我拍一，林彪是个坏东西；你拍二，我拍二，一起批判孔老二……"。

当《于丹〈论语〉心得》的外文版发行到三十多个国家时，一位德国记者问过我："为什么是你来讲这个题目？"那一瞬，我忽然明白，我们这一代孩子，总会在历史中的某个时刻，被某种方式选择，为自己幼小无知时的无礼鞠躬致歉。有机会谦卑下去，才有幸被祖宗的智慧照亮精神世界，听见万古微茫之中那一声追问："仁远乎哉？我欲仁，斯仁至矣。"（《论语·述而》）

而我的父亲呢？他从十几岁在无锡国学专修学校时就烂熟于心的四书五经，也曾经让他怀疑困惑过吗？我唱拍手歌的那个年代，父亲正在北京市委工作，他有过多少次鼓掌呢？他也在市委党校的讲台上宣讲过吗？

这一切我不得而知。我小学的时候，父亲下放；我中学的时候，父亲已经调往安徽省委；而我从大学、研究生的宿舍住校归来不久，就成家另住了。回首流年，恍然惊觉，我和父亲真正朝夕相处的时光实在不多，而在那些荏苒光阴里，面对他坚硬、空旷的寂寞，我连探问的愿望都不曾有过。

我只是清晰记得，在我考上大学那一年，父亲有机会擢升，但他主动请求离开国务院办公厅，平调中华书局，父亲对组织陈述的理由是：我投身革命之前学习文史专业，工作这三十多年没有回到本行，我的独生女儿今年考上中文系，我最大心愿就是退休前为孩子多留些书籍。

在这个清贫的出版社，唯一的大福利就是买书可以打些折扣，父亲开始兴冲冲地用自行车往家驮《二十四史》《十三经注疏》，当然，摆在我书桌上的还有一九八〇年版杨伯峻先生的《论语译注》，一九八三年版陈鼓应先生的《庄子今注今译》。这两本书成为我后来讲《论语》心得、《庄子》心得最重要的依据。

子曰："父在，观其志；父没，观其行；三年无改于父之道，可谓孝矣。"（《论语·学而》）父亲辞世之后，我摩挲着他留下来的那些书，在那些竖版的书页的天头地脚，布满了端丽工整的批注。当年妈妈揶揄说："你爸爸没去搞微雕真可惜，一千多度的大近视，还写那么小的字。"而今，我把这些严谨到近乎节制的字迹，都看作是父亲留下来的密码。

倏忽十年，《于丹〈论语〉心得》移师三联再版。十年间，我从"不惑"而触及"知天命"的边缘，浮沉于风云际会的大时代，大惑方炽，天命正远，才明白《论语》中我不懂的东西实在太多，唯有以敬畏谦卑的姿态，悟出一份带着体温的心得。

父亲名廉，字伯隅。记得他自解"隅"字二义：一是墙角方正，取义于《老子》第五十八章："圣人方而不割，廉而不刿，直而不肆，光而不耀。"二是独自向隅的沉静渊默，本是父亲喜欢的姿态。

父亲为我取名"丹"，字彤如。那种盈盈有光的样子，我也是在他辞世多年之后才恍然悟出，或许这就是光而不耀的期许，遥遥地呼应了父亲名字中的"方而不割"与"廉而不刿"。

我的小女儿问过："我姥爷是个什么样的人呢？"我竟然一时语塞，只能说："你姥爷如果还在，会教你许多诗词，陪你练毛笔字，如果姥爷腿脚还好，会带你去很多的公园和博物馆……他一定，一定非常非常爱你。"

父亲是我生命的缘起，父亲也是我与《论语》的缘起。

目录

001　灰色的孔子与多彩的世界 / 易中天

005　天地人之道

025　心灵之道

045　处世之道

063　君子之道

083　交友之道

103　理想之道

123　人生之道

145　《论语》原文

219　代后记

灰色的孔子与多彩的世界

易中天

于丹白衣白裙，坐在一张黄色的长沙发上，旁边是红衫的央视主持人柴静。我灰不溜秋地坐在她们的对面，准备提一些刁钻古怪的问题。

这是二〇〇六年十一月十二日的下午，地点是"百家讲坛"的演播室，话题则围绕着于丹的《论语》心得展开。服装未经设计，访谈也很自由。但我看着这一对桃红李白，总不知孔老夫子见了会做何感想，便不怀好意地问：你们美女也喜欢孔子吗？在你们这些美女的心目中，孔子是什么样的？

谁知于丹并不上当，应声答道：我不主张从性别的角度去看孔子。在我的心目中，孔子只有温度，没有色彩。

好聪明的小妮子，好精彩的回答！我也立即回应：那我今天就有点儿像孔子了。我这一身灰，等于没有色彩。不过，灰色也有灰色的好处，那就是和任何色彩都能搭配，比如你们的鲜红和洁白。

观众大笑。

访谈在笑声中结束,我却有点儿意犹未尽。事实上,我要问的问题是:孔子是不是众人都需要的?如果是,那么,他应该是什么样的?

答案其实就在刚才的笑谈中:一个大家都需要的孔子应该是灰色的。

我不知道于丹对于"色彩"和"温度"的定义,但任何人都不可能没有色彩。所谓"没有色彩",无非就是灰色。灰色的色彩感不强,可以视为不是色彩的色彩,但同时又是最具普适性的色彩,因为它可以和所有色彩搭配。所谓"需要一位灰色的孔子",无非是说,在这个多元的时代,我们需要一位最具普适性的孔子。

实际上,真正伟大的思想决不会只适用于一时一地或一人。它们总是具有普遍的意义,也应该具有普遍的意义。人们喜欢讥讽地说,生命之树常青,而理论往往是灰色的。他们不知道,理论如果不是灰色的,就没有普适性;而没有普适性,也就没有生命力。从这个意义上讲,我们希望孔子是灰色的。或者说,我们愿意把他看作灰色的。

但是,没有人会喜欢只有灰色的世界。灰色也只有在和其他色彩搭配时,才能显示它的普适性,显示它的高贵和纯粹。因此,灰色的孔子又必须链接多彩的世界。这世界充满生命活力,姹紫嫣红,千姿百态,万类霜天竞自由。正因为有了生活的五彩缤纷,理论的灰色才不显得死寂;也正因为有了思想的高贵纯粹,纷繁的世界才不至于俗不可耐。灰色提升着品位，而多彩保证了活力。这也就是和谐。

  于丹为我们讲述的就是这样的孔子，一位链接了多彩世界的灰色孔子。链接是广泛的，东西南北，古今中外。主题却是单纯的，单纯到没有色彩，没有性别，没有时间和空间，只有温度。

  我不知道这是不是学者的孔子，也不知道这是不是历史的孔子，更不知道这是不是真实的孔子。但我知道，这是我们的孔子，大众的孔子，人民的孔子，也是永远的孔子。

  我们需要这样的孔子。

  我们欢迎这样的孔子。

二〇〇六年十一月十三日夜

于北京—厦门途中

于丹《论语》心得

之一

天地人之道

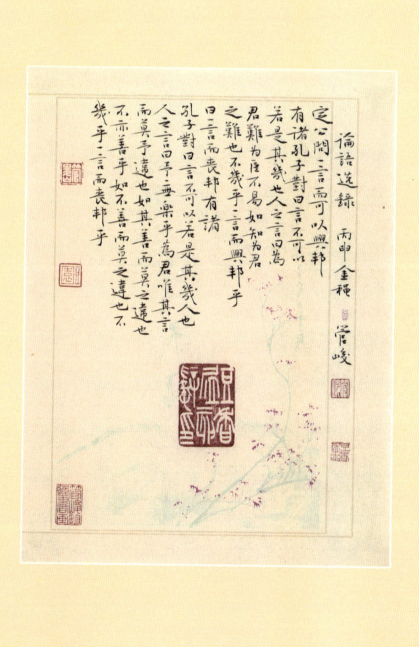

論語選錄 丙申金秋 管峻

定公問一言而可以興邦有諸孔子對曰言不可以若是其幾也人之言曰為君難為臣不易如知為君之難也不幾乎一言而興邦乎曰一言而喪邦有諸孔子對曰言不可以若是其幾也人之言曰予無樂乎為君唯其言而莫予違也如其善而莫之違也不亦善乎如不善而莫之違也不幾乎一言而喪邦乎

宋代开国宰相赵普曾经标榜说，自己以半部《论语》治天下。可见《论语》在古代社会生活和政治生活中发挥的巨大作用以及古人对《论语》的推崇。

这部曾被誉为治国之本的《论语》，对于我们现代社会，现代人的生活，还有什么实际意义吗？

大家别以为，孔夫子的《论语》高不可及，现在我们必须得仰望它。

这个世界上的真理，永远都是朴素的，就好像太阳每天从东边升起一样；就好像春天要播种，秋天要收获一样。

《论语》告诉大家的东西，永远是最简单的。

站在今天回望《论语》的价值体系，大抵可以分为两条脉络：一是关于"天地君亲师"的秩序梳理。自汉武帝"罢黜百家，独尊儒术"之后，多为历代统治阶层发挥利用。二是以"仁义礼智信"为价值核心的个人修养系统，倡扬以自律颐养自尊，建立"修己以敬"的君子人格，沿着"修齐治平"的现实路径，以学问信仰作支撑，找到个人与现实之间的逻辑关联。

这样一本语录，对二十一世纪的中国人而言，大概第二个系统的现实意义更大些。

两千五百多年前，孔子教学和生活中的点点滴滴，被学生片片断断记录下来。这些以课堂笔记为主的记录由他的学生汇集编纂，后来就成了《论语》。

我们会觉得，《论语》好像没有很严密的逻辑性，很多是就事论事，里面也很少有长篇大论的文字，几乎每一则语录都很简短。

其实，无言也是一种教育。

> 子曰:"予欲无言。"子贡曰:"子如不言,则小子何述焉?"子曰:"天何言哉?四时行焉,百物生焉。天何言哉?"
> ——《论语·阳货》

子曰:"天何言哉?四时行焉,百物生焉。天何言哉?"(《论语·阳货》)孔子对他的学生说,你看,苍天在上,静穆无言,而四季轮转,万物滋生。苍天还需要说话吗?

与其说《论语》传递的是知识,不如说它传递的是价值观念,是一种朴素的、温暖的生活态度。当年的布衣孔子正是以此来影响他的弟子。

大家知道,孔子弟子三千,其中有七十二贤人。他们每个人都是一粒种子,把那种观念的态度、生活的智慧广为传播。

我们说孔夫子是圣人,圣人就是在他生活的这片土地上最有行动能力,也最有人格魅力的人。

神圣神圣,神基本上是接近天空的,是像庄子那样的人;而圣是接近土地的,是像孔子这样的人。

孔圣人带给我们的是一种在大地上生长的信念,他这样的人一定是从我们的生活里面自然生长脱胎出来的,而不是从天而降的。

中国的创世神话是盘古开天辟地,但这个开辟不是像西方神话讲的那种突变,比如说拿一把大斧子,"啪",劈开,然后金光四射出现一个什么样的天地万物,这不是中国人的叙事情感。

中国人习惯的叙事是像《三五历纪》里面描述的那样,是一个从容、和缓而值得憧憬的漫长的过程:

> 天地混沌如鸡子，盘古生其中，万八千岁。天地开辟，阳清为天，阴浊为地。盘古在其中，一日九变，神于天，圣于地。天日高一丈，地日厚一丈，盘古日长一丈。如此万八千岁，天数极高，地数极深，盘古极长。

它说开始时"天地混沌如鸡子"，盘古在里面待了一万八千年。

后来天地分开了，但它不是作为一个固体"啪"地从中间断裂，而是两股气逐渐分开，阳清之气上升为天，阴浊之气下降为地。

这并不是天地开辟的完成，这种成长才刚刚开始。

中国人是讲究变化的。你看，盘古在天地之间"一日九变"，像一个新生的婴儿，每天都在微妙地变化着。

这种变化最终达到了一个境界，叫作"神于天，圣于地"。

这六个字其实是中国人的人格理想：既有一片理想主义的天空，可以自由翱翔，而不妥协于现实世界上很多的规则与障碍；又有脚踏实地的能力，能够在这个大地上去进行他行为的拓展。

只有理想而没有土地的人，是梦想主义者不是理想主义者；只有土地而没有天空的人，是务实主义者不是现实主义者。

理想主义与现实主义就是我们的天和地。

盘古的变化还在继续，这个故事还要接着讲：

天地开辟之后，天每天升高一丈，地每天加厚一丈，盘古也"日长一丈"，跟着天地一块儿长。

如此又过了一万八千年，最后是"天数极高，地数极深，盘古极长"。

人的意义跟天和地是一样的，天地人并称为"三才"。

所以，在孔子看来，人是值得敬重的，人首先是应该自重的。

读《论语》我们会发现，孔夫子教育学生时很少疾言厉色，他通常是用和缓的，因循诱导的，跟人商榷的口气。这是孔夫子教学的态度，也是儒家的一种态度。

我们见到一些老师声色俱厉，经常指责他的学生不该如何如何。那是这个老师没有到境界，真正好的老师会像孔夫子这样，平和地跟学生商量着把这种天地人三才共荣共生的关系讲透。

这样一种从容不迫的气度，这样一种谦抑的态度，其实正是中国人的人格理想。

与西方不同，中国哲学崇尚的是一种庄严、理性和温柔敦厚之美。《论语》中孔夫子的形象，就是这样一种审美理想的化身。

在孔夫子这个形象身上，凝聚着他内心传导出来的一种饱和的力量。这种力量就是后来孟子所说的"浩然之气"。

只有当天地之气凝聚在一个人心中的时候，它才能够如此的强大。

> 《论语》的思想精髓就在于把天之大、地之厚的精华融入人的内心，使天、地、人成为一个完美的整体，人的力量因而无比强大。
>
> 我们今天也常会说，天时、地利、人和是国家兴旺、事业成功的基础，这是古圣先贤对我们现代人的启发。

我们永远不要忘记天地给予我们的力量。什么叫天人合一？就是人在自然中的和谐。

如同《易经·文言》中讲的，一个成熟人格不应该以冲突对抗思维来判断世界，而是越来越明白"四合"的道理："夫大人者，与天地合其德，与日月合其明，与四时合其序，与鬼神合其吉凶。"

我们努力创建和谐社会，而真正的和谐是什么？

它决不仅仅是一个小区邻里间的和谐，也不仅仅是人与人之间的和谐，还一定包括大地上万物和谐而快乐地共同成长。它需要人对自然万物，有一种敬畏，有一种顺应，有一种默契。

这是一种力量，我们如果学会了提取锻造这种力量，我们就能够获得圣贤自省、自律、自化、自由的心胸。

我们看到，孔夫子的态度非常平和，而他的内心却十分庄严。因

> 子贡问政。子曰:"足食,足兵,民信之矣。"子贡曰:"必不得已而去,于斯三者何先?"曰:"去兵。"子贡曰:"必不得已而去,于斯二者何先?"曰:"去食。自古皆有死,民无信不立。"
> ——《论语·颜渊》

为其中有一种强大的力量,那是信念的力量。孔夫子是一个特别讲究信念的人。

他的学生子贡问,一个国家要想安定,政治平稳,需要哪几条呢?这次对话在《论语》里叫作"子贡问政"。

孔子的回答很简单,只有三条:足食,足兵,民信之矣。

第一,要有足够的粮食,老百姓能够丰衣足食。

第二,国家机器要强大,必须得有足够的兵力做保障。

第三,老百姓要对国家有信仰。

这个学生为难老师,说三条太多了,如果必须去掉一条,您说先去哪条?

孔夫子说:"去兵。"咱就不要这种武力保障了。

子贡又问,如果还要去掉一条,您说要去掉哪条?

孔夫子非常认真地告诉他:"去食。"我们宁肯不要物质基础了。

接着他说:"自古皆有死,民无信不立。"

没有粮食无非就是一死,从古而今谁不死啊?所以死亡不是最可怕的。最可怕的是国民对这个国家失去信仰以后的崩溃和涣散。

物质意义上的幸福生活,仅仅是一个指标;而真正从内心感到安定和对于政权的认可,则来自于对个人信誉和政权的信任。

这就是孔夫子的一种人文理念,他认为"信"的力量足以把一国

百姓凝聚起来。

现在有一种说法,说二十一世纪评估各个国家人民生活得好与不好,已经不是过去简简单单GNP(国民生产总值)一个标准,还要看GNH,就是Gross National Happiness,国民幸福指数。

也就是说,评估一个国家是不是真正富强,不能单纯看国民生产总值的绝对量和增长速度,更要看每一个老百姓内心的感受——他觉得安全吗?他快乐吗?他对他的生活真正有认同吗?

我们国家在二十世纪八十年代末曾经参加过一次国际调查,数据显示,当时我们国民的幸福指数只有64%左右。

一九九一年再次参加调查,这个幸福指数提升了,到了73%左右。这得益于物质生活条件的提升和很多改革措施的实施。

但等到一九九六年再参加调查时,发现这个指数下跌到了68%。

这是一件很令人困惑的事情。它说明,即使一个社会物质文明极大繁荣,享受着这种文明成果的现代人仍然有可能存在极为复杂的心灵困惑。

让我们回到两千五百多年以前,看看就在那样一个物质匮乏的时代,那些圣贤是什么样子。

孔夫子最喜欢的一个学生叫颜回,他曾经夸奖这个学生说:"贤哉,回也!一箪食,一瓢饮,在陋巷。人不堪其忧,回也不改其乐。

> 我们的眼睛，总是看外界太多，看心灵太少。
> ——于丹心语

贤哉，回也！"（《论语·雍也》）

就是说，颜回家里很穷，缺衣少食，住在非常破烂的小巷子里。这么艰苦的生活对别人来说简直难以忍受，而颜回却能够自得其乐。

也许很多人会说，生活就是这样，穷日子富日子都得过，那有什么办法？

颜回真正令人敬佩的，并不是他能够忍受这种艰苦的生活境遇，而是他的生活态度。在所有人都以这种生活为苦，哀叹抱怨的时候，颜回却不改变他乐观的态度。

只有真正的贤者，才能不被物质生活所累，才能始终保持心境的那份恬淡和安宁。

诚然，谁都不愿意过苦日子，但是单纯依靠物质的极大丰富同样不能解决心灵的问题。

我们的物质生活显然在不断提高，但是许多人却越来越不满了。因为他看到周围总还有乍富的阶层，总还有让自己不平衡的事物。

其实，一个人的视力本有两种功能：一个是向外去，无限宽广地拓展世界；另一个是向内来，无限深刻地去发现内心。

我们的眼睛，总是看外界太多，看心灵太少。

孔夫子能够教给我们的审视路径，就是如何去找到你内心的安宁。

> 子贡曰:"贫而无谄,富而无骄,何如?"子曰:"可也。未若贫而乐,富而好礼者也。"子贡曰:"《诗》云,'如切如磋,如琢如磨',其斯之谓与?"子曰:"赐也,始可与言《诗》已矣,告诸往而知来者。"
> ——《论语·学而》

人人都希望过上幸福快乐的生活,而幸福快乐只是一种感觉,与贫富不绝对相关,而是同内心相连。

在《论语》中,孔夫子告诉他的学生应该如何去提升修身自律的能力。这种思想传承下来,对历史上许多著名的文士诗人都产生了巨大的影响。

子贡曾经问老师:"贫而无谄,富而无骄,何如?"假如一个人很贫贱,但他不向富人谄媚;一个人很富贵,但他不傲气凌人。这怎么样?

老师说,这很不错。但还不够。还有一个更高的境界,叫作"贫而乐,富而好礼者也"。

更高的境界是,一个人不仅安于贫贱,不仅不谄媚求人,而且他的内心有一种清亮的欢乐。这种欢乐,不会被贫困的生活所剥夺,他也不会因为富贵而骄奢,他依然是内心快乐富足、彬彬有礼的君子。

这是多高的骄傲啊!一个人能够不被富足的生活蛊惑,又能在贫贱中保持着做人的尊严和内心的快乐。

这样一种儒家思想传承下来,使我们历史上又出现了很多内心富足的君子。东晋大诗人陶渊明就是其中之一。

陶渊明曾经当过八十三天的彭泽令,那是一个很小的官。而一件小事,便让他弃官回家。

有人告诉他，上级派人检查工作，您应当"束带见之"。就如同今天，您要穿正装，系领带，恭敬地去见领导。

陶渊明说，我不能为五斗米向乡里小儿折腰。就是说，他不愿意为了保住这点做官的"工资"而向人低三下四。于是把佩印留下，自己回家了。

回家的时候，他把自己的心情写进了《归去来兮辞》。

他说，"既自以心为形役，奚惆怅而独悲"。我的心灵已经成了身体的奴仆，无非是为了吃得好一点，住得好一点，就不得不向人低三下四、阿谀奉承，我的心灵受了多大委屈啊！

他不愿意过这样的生活，"悟已往之不谏，知来者之可追"，于是就回归到自己的田园。

陶渊明的意义，不仅在于在诗中构置了一个虚拟的田园，更重要的是，他让每一个人心里都开出了一片乐土。

> 安贫乐道，在现代人眼中颇有些不思进取的味道。在如此激烈的竞争面前，每个人都在努力发展着自己的事业，收入多少、职位高低，似乎成了一个人成功与否的标志。
>
> 但越是竞争激烈，越是需要调整心态，并且调整与他人的关系。那么，在现代社会，我们应该如何为人呢？

天地人之道

> 子贡问曰:"有一言而可以终身行之者乎?"子曰:"其恕乎!己所不欲,勿施于人。"
> ——《论语·卫灵公》

> 子曰:"参乎!吾道一以贯之。"曾子曰:"唯。"子出。门人问曰:"何谓也?"曾子曰:"夫子之道,忠恕而已矣!"
> ——《论语·里仁》

又是子贡,问了老师一个非常大的问题,他说:"有一言而可以终身行之者乎?"您能告诉我一个字,使我可以终身实践,并且永久受益吗?

老师以商量的口气对他说:"其恕乎!"如果有这么个字,那大概就是"恕"字吧。

什么叫"恕"呢?老师又加了八个字的解释,叫作"己所不欲,勿施于人"。就是你自个儿不想干的事,你就不要强迫别人干。人一辈子做到这一点就够了。

什么叫"半部《论语》治天下"?有时候悟透一个字两个字,就够用一辈子了。

这才是真正的圣人,即使学生请教终身秉持之道,有时候也只是记住一两个字就够了。

孔子的学生曾子也曾经说过,"夫子之道,忠恕而已矣"。说我老师这一辈子学问的精华,就是"忠恕"这两个字了。简单地说,就是要做好自己,同时要想到别人。

拓展一点说,"恕"字是讲你不要强人所难,不要给别人造成伤害。言外之意是假如他人给你造成了伤害,你也应该尽量宽容。

但是,真正做到宽容谈何容易。有很多时候,一个事情本来已经过去了,而我们还是老在那儿想,这么可恶的事,我怎么能原谅它

> 你宽容别人，其实是给自己留下来一片海阔天空。
> ——于丹心语

呢？然后就在不断的自我咀嚼中，一次一次再受伤害。

佛家有一个有意思的小故事：

小和尚跟老和尚下山化缘，走到河边，见一个姑娘正发愁没法过河。老和尚对姑娘说，我把你背过去吧。于是就把姑娘背过了河。

小和尚惊得瞠目结舌，又不敢问。这样又走了二十里路，实在忍不住了，就问老和尚说，师父啊，我们是出家人，你怎么能背着那个姑娘过河呢？

老和尚就淡淡地告诉他，你看我把她背过河就放下了，你怎么背了二十里地还没放下？

这个故事的道理其实和孔夫子教给大家的一样，该放下时且放下，你宽容别人，其实是给自己留下来一片海阔天空。

所以什么叫"仁者不忧"呢？就是让你的胸怀无限大，很多事情自然就小了。

在生活中，每个人都有可能遭遇失业、婚变、朋友背叛、亲人离去等等这些事情，它对你是大事还是小事，其实没有客观标准。

这就如同划个一寸长的口子，算大伤还是小伤？如果是一个娇滴滴的小姑娘，她能邪乎一星期；如果是一个粗粗拉拉的大小伙子，他可能从受伤到这个伤好，一直都不知道。

所以，我们的内心究竟是做一个娇滴滴的"小姑娘"，还是一个

天地人之道

> 关爱别人，就是仁慈；了解别人，就是智慧。
> ——于丹心语

> 樊迟问仁。子曰："爱人。"问知。子曰："知人。"
> 樊迟未达。子曰："举直错诸枉，能使枉者直。"
> 樊迟退，见子夏，曰："乡也吾见于夫子而问知，子曰：'举直错诸枉，能使枉者直。'何谓也？"
> 子夏曰："富哉言乎！舜有天下，选于众，举皋陶，不仁者远矣。汤有天下，选于众，举伊尹，不仁者远矣。"
> ——《论语·颜渊》

粗粗拉拉的"大小伙子"，完全可以由自己的修行决定。

> 其实，《论语》告诉我们的，不仅遇事要拿得起放得下，还应该尽自己的能力去帮助那些需要帮助的人。所谓"予人玫瑰，手有余香"，给予比获取更能使我们心中充满幸福感。

大家知道，儒家理论的核心和最最精髓的东西，除了"恕"字以外，还有一个是"仁"字。

孔子的学生樊迟曾经毕恭毕敬地去问老师什么叫仁。老师只告诉他两个字："爱人。"爱别人就叫仁。

樊迟又问什么叫智。老师说："知人。"了解别人就叫智慧。

关爱别人，就是仁慈；了解别人，就是智慧。就这么简单。

那么，怎样做一个有仁爱之心的人呢？

孔子说："己欲立而立人，己欲达而达人。能近取譬，可谓仁之方也已。"（《论语·雍也》）

你自己想有所树立，马上就想到也要让别人有所树立；你自己想实现理想，马上就会想到也要帮助别人实现理想。能够从身边小事做起，推己及人，这就是实践仁义的方法。

我记得大学英语课本上，有一则西方哲人写的小寓言，说有一个国王每天都在思考三个终极的哲学问题：在这个世界上，什么人最重要？什么事最重要？什么时间做事最重要？

就这三个问题，举朝大臣，没人能够回答得出来。

他很苦闷。后来有一天，出去微服私访，走到一个很偏远的地方，投宿到一个陌生的老汉家。

半夜里，他被一阵喧闹声惊醒，发现一个浑身是血的人闯进老汉家。

那个人说，后面有人追我。老汉说，那你就在我这儿避一避吧。就把他藏起来了。

国王吓得不敢睡，一会儿看见追兵来了。追兵问老汉，有没有看到一个人跑过来？老汉说，不知道，我家里没有别人。

后来追兵走了，那个被追捕的人说了一些感激的话也走了。老汉关上门继续睡觉。

第二天国王问老汉说，你为什么敢收留那个人？你就不怕惹上杀身之祸？而且你就那么放他走了，你怎么不问他是谁呢？

老汉淡淡地跟他说，在这个世界上，最重要的人就是眼下需要你帮助的人，最重要的事就是马上去做，最重要的时间就是当下，一点不能拖延。

那个国王恍然大悟，他那三个久思不解的哲学问题，一下都解决了。

这个故事,又可以作《论语》的注脚。

实际上,孔子也罢,庄子也罢,陶渊明、苏东坡,直至泰戈尔,古今中外圣贤的意义是什么呢?就是用他们对生活的体验,总结出一些对我们每个人都有用的道理。

这些道理不是那些砖头一样的典籍,要让你拿着放大镜,翻着《辞海》去读,非常吃力地去参悟一辈子。

真正的圣贤不会端起架子板着面孔说话。他们把活泼泼的人生经验,穿越沧桑,传递到今天,让我们仍然觉得温暖;而他们在千古之前,缄默地微笑着、注视着,看我们仍然在他们的言论中受益而已。

心灵之道

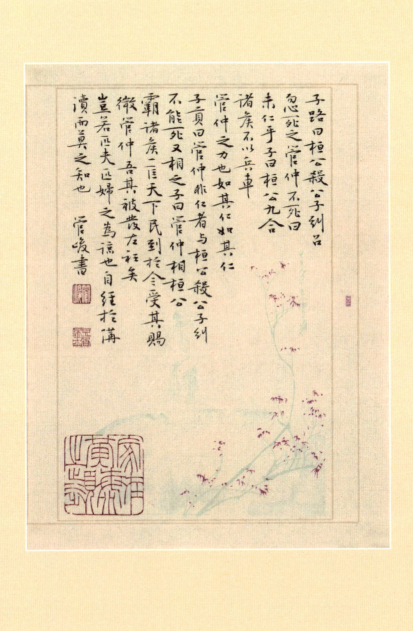

子路曰桓公殺公子糾
召忽死之管仲不死曰
未仁乎子曰桓公九合
諸侯不以兵車
管仲之力也如其仁如其仁

子貢曰管仲非仁者與桓公殺公子糾
不能死又相之子曰管仲相桓公
霸諸侯一匡天下民到於今受其賜
微管仲吾其被髮左衽矣
豈若匹夫匹婦之為諒也自經於溝
瀆而莫之知也

管峻書

每个人的一生中都难免有缺憾和不如意，也许我们无力改变这个事实，而我们可以改变的是看待这些事情的态度。

《论语》的精华之一，就是告诉我们，如何用平和的心态来对待生活中的缺憾与苦难。

二千五百多年前的古老智慧，真的能开解现代人的心结吗？

> 司马牛忧曰："人皆有兄弟，我独亡！"
> 子夏曰："商闻之矣：死生有命，富贵在天。君子敬而无失，与人恭而有礼，四海之内，皆兄弟也。君子何患乎无兄弟也？"
> ——《论语·颜渊》

人生百年，孰能无憾？人这一生中总会遇到这样那样不如意的事情。

孔夫子弟子三千，七十二贤人，这么多学生，也是家家都有难言的事情。那么他们是怎样看待人生遗憾的呢？

孔子的学生司马牛有一天忧伤地说：别人都有兄弟，偏偏我没有！

他的同学子夏就劝导他说："商闻之矣：死生有命，富贵在天。君子敬而无失，与人恭而有礼，四海之内，皆兄弟也。君子何患乎无兄弟也？"

子夏自称自己的名字叫"商"。他的话分几个层次：

既然死生、富贵这些事情都是天命所归，个人无法决定，也无法左右，那就要学会承认并且顺应。

但保持一颗诚敬的心，使自己的言行减少过失，对待他人充分尊重、谦恭有礼，却是可以通过提高自身修养做到的。

一个人能做好自己，那么普天下的人都会爱敬你如同手足兄弟。

所以，做一个有良好修养的真君子，又何愁没有兄弟呢？

尽管这段话不是出自孔子之口，但也代表了《论语》所倡导的一种价值观念：

人首先要能够正确面对人生的遗憾，要在最短的时间内接受下来。不要纠缠在里面，一遍一遍地问天问地，这样只能加重你的苦痛。

第二个态度是，要尽可能地用自己所可以做的事情去弥补这个遗憾。

> 承认现实生活中的不足之处，并通过自己的努力去弥补这种不足，这就是《论语》告诉我们对待生活缺憾的态度。
>
> 如果一个人不能接受这些遗憾，将会导致什么样的后果呢？

一种遗憾，其实可以被放得很大很大。放大遗憾的后果是什么呢？那就将如印度诗哲泰戈尔所说，"如果你因为错过太阳而哭泣，那么你也将错过星星了"。

我曾经看到过一个报刊的转载，写的是英国著名网球明星吉姆·吉尔伯特的故事。

这个女孩子小的时候经历过一次意外：

一天，她陪着妈妈去看牙医，这本来是个很小的事情，她以为一会儿就可以跟妈妈回家了。但是我们知道，牙病是会引发心脏病的。可能她的妈妈之前没有检查出来存在这种隐忧，结果让小女孩看到的是惊人的一幕：她的妈妈竟然死在了牙科的手术椅上！

这个阴影在她的心中一直存在着。也许她没有想到要看心理医生，也许她从没有想过应该根治这个伤痛，她能做的就是回避，回避，永远回避，在牙痛的时候从来不敢去看牙医。

后来她成了著名的球星，过上了富足的生活。有一天她被牙病折磨得实在忍受不了，家人都劝她，就请牙医到家里来吧，咱们不去诊所，这里有你的私人律师、私人医生，还有所有亲人陪着你，你还有什么可怕的呢？于是请来了牙医。

意外的事情发生了：正当牙医在一旁整理手术器械、准备手术的时候，一回头，吉姆·吉尔伯特已经死去。

当时伦敦的报纸记述这件事情时用了这样一句评价：吉姆·吉尔伯特是被四十年来的一个念头杀死的。

这就是心理暗示的力量。一个遗憾能被放大到多大呢？它可以成为你生命中一个阴影，影响到你的生命质量。

当然，很多人不见得会面临上述这种极端的例子，但大家一定听到过这样的说法，一个人在愤怒或忧虑的时候，如果用一个测量仪来检测你呼出来的空气，它是灰色的，其中的二氧化碳会特别多。所以，长期困扰于人生的遗憾不能自拔，对一个人的生命质量是会有所损害的。

> 既然生活中的缺憾不能避免,那么用什么样的心态来对待这种缺憾就非常重要了。心态不同,也许会带来完全不同的生活质量。

有一个寓言,它说在某小镇上有一个非常穷困的女孩子,她失去了父亲,跟妈妈相依为命,靠做手工维持生活。她非常自卑,因为从来没穿戴过漂亮的衣服和首饰。在这样极为贫寒的生活中,她长到了十八岁。

在她十八岁那年的圣诞节,妈妈破天荒地给了她二十美元,让她用这个钱给自己买一份圣诞礼物。

她大喜过望,但是还没有勇气从大路上大大方方地走过。她捏着这点钱,绕开人群,贴着墙脚朝商店走。

一路上她看见所有人的生活都比自己好,心中不无遗憾地想,我是这个小镇上最抬不起头来、最寒碜的女孩子。看到自己特别心仪的小伙子,她又酸溜溜地想,今天晚上盛大的舞会上,不知道谁会成为他的舞伴呢?

她就这样一路嘀嘀咕咕躲着人群来到了商店。一进门,她感觉自己的眼睛都被刺痛了,她看到柜台上摆着一批特别漂亮的缎子做的头

花、发饰。

正当她站在那里发呆的时候,售货员对她说,小姑娘,你的亚麻色的头发真漂亮!如果配上一朵淡绿色的头花,肯定美极了。她看到价签上写着十六美元,就说我买不起,还是不试了。但这个时候售货员已经把头花戴在了她的头上。

售货员拿起镜子让她看看自己。当这个姑娘看到镜子里的自己时,突然惊呆了,她从来没看到过自己这个样子,她觉得这一朵头花使她变得像天使一样容光焕发!

她不再迟疑,掏出钱来买下了这朵头花。她的内心无比陶醉、无比激动,接过售货员找的四美元后,转身就往外跑,结果在一个刚刚进门的老绅士身上撞了一下。她仿佛听到那个老人叫她,但已经顾不上这些,就一路飘飘忽忽地往前跑。

她不知不觉就跑到了小镇最中间的大路上,她看到所有人投给她的都是惊讶的目光,她听到人们在议论说,没想到这个镇子上还有如此漂亮的女孩子,她是谁家的孩子呢?她又一次遇到了自己暗暗喜欢的那个男孩,那个男孩竟然叫住她说,不知今天晚上我能不能荣幸地请你做我圣诞舞会的舞伴?

这个女孩子简直心花怒放!她想我索性就奢侈一回,用剩下的这四美元回去再给自己买点东西吧。于是她又一路飘飘然地回到了小店。

子曰:"君子道者三,我无能焉:仁者不忧,知者不惑,勇者不惧。"子贡曰:"夫子自道也。"

——《论语·宪问》

子曰:"鄙夫可与事君也与哉?其未得之也,患得之;既得之,患失之。苟患失之,无所不至矣。"

——《论语·阳货》

刚一进门,那个老绅士就微笑着对她说,孩子,我就知道你会回来的,你刚才撞到我的时候,这个头花也掉下来了,我一直在等着你来取。

这个故事结束了。真的是一朵头花弥补了这个女孩生命中的缺憾吗?其实,弥补缺憾的是她自信心的回归。

而一个人的自信心来自哪里?它来自内心的淡定与坦然。

孔子说,"仁者不忧,知者不惑,勇者不惧"(《论语·宪问》),内心的强大可以化解生命中很多很多遗憾。

要做到内心强大,一个前提是要看轻身外之物的得与失。太在乎得失的人,被孔子斥为"鄙夫"。

鄙夫,意义几乎等同于小人,就是不上台面的鄙陋的人。

孔子曾经说过,像这样的小人你能让他去谋划国家大事吗?不能。这样的人在没有得到利益时抱怨不能得到,得到了以后又害怕会失去。既然害怕失去,那就会不择手段维护既得利益。

这种患得患失的人,不会有开阔的心胸,不会有坦然的心境,也不会有真正的勇敢。

什么是真正的勇敢?它和匹夫之勇有怎样的区别?《论语》中对于"勇敢"有怎样的诠释?

心灵之道

子曰:"道不行,乘桴浮于海。从我者,其由与?"子路闻之喜。子曰:"由也,好勇过我,无所取材。"
——《论语·公冶长》

没有道义约束的勇敢是世界上最大的灾害。
——于丹心语

大家知道,孔子有一个学生叫子路,他很率性,对于勇敢的事情老是特别在乎。

孔夫子曾经调侃说,假如有一天我的大道在这个世界上推行不了,我就要自己泛舟江海去了。到那时还能跟随我的,大概就是子路吧。

子路听到这个话非常得意。结果老师后面还有一句话说,我之所以这么说,就是因为子路这个人除了勇敢,别的什么都没有。"好勇"是子路的特点,但他的勇敢又缺少点内涵。

偏偏有一天,子路真的去问老师说:"君子尚勇乎?"君子应不应该崇尚勇敢呢?

孔子对他说:"君子义以为上。君子有勇而无义为乱,小人有勇而无义为盗。"(《论语·阳货》)

意思是说,君子崇尚勇敢并没有错,但这种勇敢是有约制的,有前提的,这个前提就是"义"。有了义字当先的勇敢,才是真正的勇敢。否则,一个君子会以勇犯乱,一个小人会因为勇敢沦为盗贼。

我们想想,小偷劫匪穿门打户,甚至越货杀人,你能说他不勇敢吗?但是这种没有道义约束的勇敢是世界上最大的灾害。

那么这个"义""道义"又是什么呢?

那是一种内心的约制。孔子说:"以约失之者,鲜矣!"(《论

> 做一个勇敢的人，用生命的力量去化解那些遗憾。
> ——于丹心语

> 勇敢有时候表现为一种理性制约下内心的自信与镇定。
> ——于丹心语

语·里仁》）一个人内心有所制约，就会在行为上减少过失。

假如一个人真能做到一日"三省吾身"（《论语·学而》），真能"见贤思齐焉，见不贤而内自省也"（《论语·里仁》），就做到了约制。而能够反省自己的错误并且勇于改正，这就是儒者所倡导的真正的勇敢。

后来苏轼在《留侯论》中也曾经论述过勇敢，他把那种真正的勇敢叫作"大勇"。他说：

> 古之所谓豪杰之士者，必有过人之节。人情有所不能忍者，匹夫见辱，拔剑而起，挺身而斗，此不足为勇也。天下有大勇者，卒然临之而不惊，无故加之而不怒。此其所挟持者甚大，而其志甚远也。

在苏轼看来，真正的勇者有一种"过人之节"，他们能够忍受像韩信那样的胯下之辱，而成就辅佐刘邦决胜千里、扫平天下那样的大业。他不会像平常人逞一时之勇，图一时之快。这是因为他的内心有一种在理性制约下的自信与镇定，是因为他有着宽广的胸怀和高远的志向。

所谓"卒然临之而不惊，无故加之而不怒"，是很难做到的。我

们可以要求自己做一个有修养的道德君子,不去冒犯别人,但当别人没有任何缘由地时常冒犯你,你能做到不怒吗?

我们经常看到的是这种情况:

比如一个人在星期一莫名其妙地遭了一顿暴打,他星期二就开始向各个朋友复述这件事,到星期三的时候,他已经郁闷得不想出去见人了,到星期四的时候就开始找碴儿跟家人吵架了……

其实这意味着什么呢?意味着你每复述一遍,就像又被打了一顿,意味着事情过去之后,你每天还在继续挨打。

当一个不幸降临了,最好的办法就是让它尽快过去,经过直面、接纳、改变、放下这几个步骤,你才能腾出更多的时间去做更有价值的事情,才会活得更有效率,更有好心情。

> 这个小故事告诉我们,生活中会有许多不如意甚至不合理,也许凭我们个人的力量无法改变,但我们却可以改变自己的心情和态度。从某种意义上说,一个人心中有什么,他看到的就是什么。

宋人的笔记中记载过苏轼与佛印交往的故事。苏轼是个大才子,佛印是个高僧,两人经常一起参禅、打坐。佛印老实,老被苏轼欺负。苏轼有时候占了便宜很高兴，回家就喜欢跟他那个才女妹妹苏小妹说。

一天，两人又在一起打坐。

苏轼问：你看看我像什么啊？

佛印说：我看你像尊佛。

苏轼听后大笑，对佛印说：你知道我看你坐在那儿像什么？就活像一摊牛粪。

这一次，好像佛印又吃了哑巴亏。

苏轼回家就在苏小妹面前炫耀这件事。

苏小妹冷笑一下对哥哥说，就你这个悟性还参禅呢，你知道参禅的人最讲究的是什么？是明心见性，你心中有眼中就有。佛印说看你像尊佛，那说明他心中有尊佛；你说佛印像牛粪，想想你心里有什么吧！

这个故事适用于我们每个人。大家想想，为什么我们一样在这个世界上生活，有些人活得欢欣而温暖，有些人却整天指责抱怨？他们的生活真的相差那么远吗？

其实就像我们面前有半瓶子酒，悲观主义者说，这么好的酒怎么就剩半瓶了！乐观主义者则说，这么好的酒还有半瓶呢！表述不同，缘于心态不同。

心灵之道

> 小人之骄，骄傲的是他外在的气；
> 而君子之骄，骄傲的是内心的风骨。
> ——于丹心语

在今天这么一个竞争激烈的时代，保持良好的心态比历史上任何一个时期都更加重要。

孔子说："君子泰而不骄，小人骄而不泰。"（《论语·子路》）君子因为有心态的平和、安定和勇敢，他的安详舒泰是由内而外的自然流露；小人表现出来的则是故作姿态，骄矜傲人，因为他内心多的是一股躁气，气度上便少了一份安闲。

我曾经在铃木大拙的书中读到一则故事。故事的主人公是日本江户时期的一个著名的茶师，这个茶师跟随着一个显赫的主人。大家知道，日本提倡的是茶禅一体，茶道与参禅是二而一的过程。

有一天主人要去京城办事，舍不得离开茶师，就说，你跟我去吧，好每天给我泡茶。

那可是一个社会很不稳定的时期，浪人、武士依恃强力横行无忌。

这个茶师很害怕，对主人说，您看我又没有武艺，万一路上遇到点事可怎么办？

主人说，你就挎上一把剑，扮成武士的样子吧。

茶师只好换上武士的衣服，跟着主人去了京城。

一天，主人出去办事，茶师就一个人在外面蹓跶。

这时迎面走来一个浪人，向茶师挑衅说，你也是武士，那咱俩比比剑吧。

茶师说，我不懂武功，只是个茶师。

浪人说，你不是一个武士而穿着武士的衣服，就是有辱尊严，你就更应该死在我的剑下！

茶师一想，躲是躲不过去了，就说，你容我几小时，等我把主人交办的事做完，今天下午我们在池塘边见。

浪人想了想答应了，说那你一定要来。

这个茶师直奔京城里面最著名的大武馆，他看到武馆外聚集着成群结队的前来学武的人。茶师分开人群，直接来到大武师的面前，对他说，求您教给我一种作为武士的最体面的死法吧！

大武师非常吃惊，他说，来我这儿的所有人都是为了求生，你是第一个求死的。这是为什么？

茶师把与浪人相遇的情形复述了一遍，然后说，我只会泡茶，但是今天不能不跟人家决斗了。求您教我一个办法，我只想死得有尊严一点。

大武师说，那好吧，你就再为我泡一遍茶，然后我再告诉你办法。

茶师很是伤感，他说，这可能是我在这个世界上泡的最后一遍茶了。

他做得很用心，很从容地看着山泉水在小炉上烧开，然后把茶叶

放进去,洗茶、滤茶,再一点一点地把茶倒出来,捧给大武师。

大武师一直看着他泡茶的整个过程,他品了一口茶说,这是我有生以来喝到的最好的茶了,我可以告诉你,你已经不必死了。

茶师说,您要教给我什么吗?

大武师说,我不用教你,你只要记住用泡茶的心去面对那个浪人就行了。

这个茶师听后就去赴约了。浪人已经在那儿等他,见到茶师,立刻拔出剑来说,你既然来了,那我们开始比武吧!

茶师一直想着大武师的话,就以泡茶的心面对这个浪人。

只见他笑着看定了对方,然后从容地把帽子取下来,端端正正放在旁边;再解开宽松的外衣,一点一点叠好,压在帽子下面;又拿出绑带,把里面的衣服袖口扎紧;然后把裤腿扎紧……他从头到脚不慌不忙地装束自己,一直气定神闲。

对面这个浪人越看越紧张,越看越恍惚,因为他猜不出对手的武功究竟有多深。对方的眼神和笑容让他越来越心虚。

等到茶师全都装束停当,最后一个动作就是拔出剑来,"唰",把剑挥向了半空,然后停在了那里,因为他也不知道再往下该怎么用了。

此时浪人"噗通"一声就给他跪下了,说,求您饶命,您是我这

> 子曰:"可与言而不与之言,失人;不可与言而与之言,失言。知者不失人,亦不失言。"
> ——《论语·卫灵公》

辈子见过的最有武功的人。

其实,是什么样的武功使茶师取胜呢?就是心灵的勇敢,是那种从容、笃定的气势。

所以,技巧不是最重要的,而技巧之外的东西则需要我们用心灵去感悟。

如果你的心很敞亮,很仁厚,你有一种坦率和勇敢,那么你可能会收获许多意想不到的东西。每个人都愿意把美好的东西告诉你;但是如果你与此相反,那么即使是有教无类的孔子,他也不见得会对牛弹琴。

孔子说过,一个人能够听你讲道理但是你没去跟他讲,就叫"失人",你就把这个人错过了,不好;相反,假如这个人根本就不可理喻,而你偏和他讲道理,那就叫"失言",也不好。

你要想做一个别人愿意和你交流,也可以和你交流的人,最关键的是你要有一个敞亮的心怀。这就是《论语》中所提倡的"坦荡荡"的心境。

这种心境和胸怀,既可以弥补你先天的遗憾,也可以弥补你后天的过失,同时能使你有定力,有真正的勇敢,使你的生命饱满、充盈,让你有一种大欢欣,让你的人生有最大的效率,让你的每天进行着新鲜的轮回,并且把这些新鲜的养分疏导给他人。

《论语》给我们的,永远是一个人生的动态系统,我们不可以断章取义,不可以僵死地去理解。当这些古圣先贤的思想精华,在你的血液中流动起来的时候,你欢欣的态度本身就是我们今人对于古典最高的致敬!

于丹《论语》心得

之三

处世之道

論語一則 山竹居主人管峻書於古都金陵

子路曰衛君待子而為政子將奚先子曰必也正名乎子路曰
有是哉子之迂也奚其正子曰野哉由也君子於其所不知蓋
闕如也名不正則言不順言不順則事不成事不成則禮樂
不興禮樂不興則刑罰不中刑罰不中則民無所措手足
故君子名之必可言也言之必可行也君子於其言無所苟而已矣

现代社会人与人的关系可以说更近了，也可以说更远了，但无论如何，人际关系是每一个人必须面对的问题。

当遇到不公正的待遇时，我们该保持什么样的心态？

面对自己亲近的人，我们又该掌握什么样的原则？

在纷繁复杂的社会环境中，我们怎样才能处理好人际关系呢？

处世之道

> 或曰："以德报怨，何如？"子曰："何以报德？以直报怨，以德报德。"
> ——《论语·宪问》

> 孔子不是提倡以德报怨的，他给的分寸就是以直报怨。
> ——于丹心语

《论语》这部书，教给我们很多处世的方法、做人的规矩。这些道理看起来很朴素，这些办法有时候在原则中透着一些变通。

简单地说，它告诉我们的是做事的原则和把握原则里的分寸。

我们常常会说，什么事情该做，什么事情不该做；什么事情是好的，什么事情是坏的。

其实，很多时候对一个事情的判定，并不能简单地以应该不应该和好不好来区分。你什么时间做这件事，把这件事做到什么程度，会直接影响到这件事的性质。

孔子特别强调做事情的分寸，"过"和"不及"都是要尽力避免的。

孔子提倡仁爱，但他并不认为应当以丧失原则的仁爱之心去宽宥所有人的过失。

有人问他："以德报怨，何如？"

孔子的回答是："以直报怨，以德报德。"

孔子给出的答案让我们乍听起来有点出乎意料，其实这正是孔子告诉我们的处世的分寸。

孔夫子在这里提倡的是一种人生的效率和人格的尊严。

他当然不赞成以怨报怨。如果永远以一种恶意、一种怨恨去面对另外的不道德，那么这个世界将是恶性循环，无止无休。我们失去的将不仅是自己的幸福，还有子孙的幸福。

而以德报怨同样不可取。也就是说，你献出太多的恩德、太多的慈悲，你用仁厚去面对已经有负于你的人和事，这也是一种人生的浪费。

在两者之外，还有第三种态度，就是用你的公正，用你的率直，用你的耿介，用你的磊落，也就是说，用自己高尚的人格，坦然面对这一切。在当今的法治社会里，"以直报怨"还意味着使用正直有效的规则去解决不公正。

孔夫子的这种态度，就是告诉我们，要把有限的情感，有限的才华，留在最应该使用的地方。

今天我们都在说避免资源的浪费，却忽视了心灵的荒芜和自身生命能量的浪费。

物质的繁荣，生活节奏的加快，更要求我们在面对一件事情时，要迅速地做出判断，选择属于自己的最有价值的生活方式。

我们在生活中常常有这样的困惑：

父母对孩子关爱得无微不至，却常常招致孩子的反感；

亲密无间的好朋友，却常常做出彼此伤害的事情来；

有时费尽心机想和领导、同事拉近关系，却常常适得其反。

为什么会这样？

怎样的关系才能称作"好"呢?

孔夫子认为,太过疏远和太过亲密都不是最佳状态,所谓"过犹不及"。为什么两个人很亲密却不是相处的最佳状态呢?

孔子的学生子游说:"事君数,斯辱矣;朋友数,斯疏矣。"(《论语·里仁》)"数"(shuò)是"屡次"的意思。如果侍奉国君(领导)过分殷勤,虽然显示出亲近,但离自己招致羞辱就不远了;你与朋友交往过密,甚至超越了隐私界限,那么,离你们俩疏远也就不远了。

有一个哲学寓言,名叫《豪猪的哲学》。

有一群豪猪,身上长满尖利的刺,大家挤在一起取暖过冬。它们老是不知道大家应该保持一种什么样的距离才最好,离得稍微远些,互相借不着热气,于是就往一起凑凑;一旦凑近了,尖利的刺就彼此扎着身体了,就又开始疏离;离得远了,大家又觉得寒冷……经过很多次磨合以后,豪猪们才终于找到了一个最恰如其分的距离,在彼此不伤害的前提下,保持着群体的温暖。

在我们今天这个社会,尤其是都市里,原来的大杂院都拆了,建成了单元楼,已经没有这院里头一家包饺子、十家挨着都送到的事了,已经没有大院一起过年、大人一桌小孩一桌的情形了。现代都市往往是同在一个单元里边住了三四年,邻居都认不全。

子贡问友。子曰:"忠告而善道之,不可则止,毋自辱焉。"
——《论语·颜渊》

虚拟空间中认识的人越来越多,现实空间中信得过的人越来越少。

这种障碍多了以后会怎么样呢?就会加重我们所信赖的几个朋友身上的负担。

你会觉得:我的好朋友应当对我好一点,我也会自觉地对他好一点。你会觉得:你们家有什么私事,比如两口子打架了,为什么不告诉我呢?我可以给你们调停啊!

我们很多人都有这样的想法。

大家真的应该听听子游的这句话:"事君数,斯辱矣;朋友数,斯疏矣。"距离过近,必然要伤及他人。

那么,应该怎样与朋友相处呢?

子贡曾经问过他的老师,孔夫子告诉他说:"忠告而善道之,不可则止,毋自辱焉。"(《论语·颜渊》)看到朋友做得不对的事,你要真心地劝告,善意地引导,如果他实在不听就算了,别再说了,不要自取其辱。

所以,与好朋友相处也要有个度,不要什么样的事情都以友情的名义介入。

《论语》告诫我们,无论对朋友还是对领导,都要保持一定的距离,掌握好亲疏的分寸。

> 那么，对待自己最亲近的家人，是不是就可以亲密无间了呢？
>
> 父母和子女之间、夫妻之间、恋人之间，也需要保持适当的距离吗？

心理学上有一种界定，说现代人的交往中，有一种行为叫作"非爱行为"。什么意思呢？就是以爱的名义对最亲近的人进行的非爱性掠夺。这种行为往往发生在夫妻之间、恋人之间、母子之间、父女之间，也就是世界上最亲近的人之间。

夫妻和恋人之间经常会出现这样的场面：一个对另一个说，你看看，我就为了爱你，放弃了什么什么；我就为了这个家，才怎么怎么样，所以你必须要对我如何如何。

不少母亲也经常会对孩子说：你看看，自从生了你以后，我工作也落后了，人也变老变丑了，我一切都牺牲了，都是为了你，你为什么不好好念书呢？

所有这些，都可以称为非爱行为，因为，它是以一种爱的名义所进行的一种强制性的控制，让他人按照自己的意愿去做。

我曾经看到有一本写如何为人父母的书，作者是一个英国的心理

> 距离和独立是一种对人格的尊重，这种尊重即使在最亲近的人中间，也应该保有。
>
> ——于丹心语

学女博士。她在书的开头说了一段非常好的话。她说：

这个世界上所有的爱都以聚合为最终目的，只有一种爱以分离为目的，那就是父母对孩子的爱。父母真正成功的爱，就是让孩子尽早作为一个独立的个体从你的生命中分离出去，这种分离越早，你就越成功。

从这个意义上来讲，距离和独立是一种对人格的尊重，这种尊重即使在最亲近的人中间，也应该保有。

无论父子母女之间，还是多年夫妻之间，一旦没有了这种距离、这种尊重，越过了这个尺度，到了《论语》中说的"数"这个阶段，彼此已经不独立了，就产生了隐患，离疏远甚至崩溃就不远了。

《论语》告诉我们，要本着平等和理性的态度去尊重每一个人，彼此之间留一点分寸，有一点余地。

这非常像禅宗所推崇的一个境界，叫作"花未全开月未圆"。

这是人间最好的境界。花一旦全开，马上就要凋谢了；月一旦全圆，马上就要缺损了。而未全开，未全圆，仍使你的内心有所期待，有所憧憬。

朋友之道，亲人之道，皆是如此。稍微留一点分寸，得到的往往是海阔天空。

> 无论是对朋友还是对亲人，都应该把握一个分寸，适度为最好。
>
> 那么对待工作是不是应该越热情越好呢？
>
> 无论是分内的工作还是分外的工作，我们是不是都应该做得越多越好呢？
>
> 对待工作，也有分寸需要把握吗？

"子曰：'不在其位，不谋其政。'"（《论语·宪问》）也就是说，你在什么位置上，要做好本分，不要越俎代庖，跳过你的职位去做不该你做的事。这是当代社会特别应该提倡的一种职业化的工作态度。

可能有许多大学生去外企实习过。你一进去，人力资源部的主管会给你一个job description，就是关于你的工作岗位的描述，告诉你，这个岗位是干吗的。从一个文秘打字员，一直到高级主管，都有自己的岗位描述。

我们很多单位现在所缺失的正是这种岗位描述。我们对岗位往往有定性却没有定量。我们老是说：年轻人要好好干，一个人干仨人的活儿才好呢。认为这样是替领导分忧。实际上这并不符合现代企业管理精神，谁的活儿谁操心，这样的话，大家合起来才是一盘棋。

子曰:"君子之于天下也,无适也,
无莫也,义之与比。"
——《论语·里仁》

孔子提倡"不在其位,不谋其政",这里面隐含着一个前提,就是"在其位,要谋其政",先把你自己那个岗位做好,先不要操心别人的事。这也是《老子》全书最后一句话要讲的道理,叫作"圣人之道,为而不争"(《老子·八十一章》)。

那么,在其位,怎么谋其政呢?

首先是做事的原则。

"子曰:'君子之于天下也,无适也,无莫也,义之与比。'"什么叫作"义之与比"?就是用"义"作为比照,作为法则。

孔子的意思是说,君子对于天下事,不刻意强求,不无故反对,没有薄,没有厚,没有远,没有近,没有亲,没有疏,一切按道义行事。道义,就是行事的原则和标准。

其次是做事的方式。

在"言"与"行"之间,孔夫子更看重"行"。他很不喜欢那些夸夸其谈的人。

他说:"巧言令色,鲜矣仁。"(《论语·学而》)爱说漂亮话,做出取悦于人的样子,在这种人里找不着真正的仁者。

孔夫子鼓励的是什么呢?是少说多做。做事要积极,说话要谨慎。孔夫子提出"慎言",就是说话要小心,不要说自己做不到的事。用老百姓的话说叫"祸从口出",没那么严重的话,起码也是"言多语失"。

处世之道

> 少指责，少抱怨，少后悔，就能成功。
> ——于丹心语

孔夫子的学生子张，要学习干禄。什么是干禄呢？就是做官。

子张想到社会上担任点职务，请教老师应该怎么做。孔子告诉他说："多闻阙疑，慎言其余，则寡尤；多见阙殆，慎行其余，则寡悔。言寡尤，行寡悔，禄在其中矣。"（《论语·为政》）

"多闻阙疑"，就是要先带着耳朵去，多听，有疑问的地方就先放一放。我们常说一个人身体力行，那叫直接经验；而听听别人的经验教训，包括他经历的坎坷，走过的弯路，那是间接经验。你多听点间接经验，也有好处。

"慎言其余"，就是自己觉得有把握的地方，说话时也要小心。"则寡尤"，就会少了很多怨尤。

"多见阙殆"，就是要多看，有疑问之处也先放一放。迷惑多是因为眼界不够大，井底之蛙怎么能知道什么叫海阔天空呢？

你阅历丰富了之后，做事仍然要谨慎。这种谨慎在《论语》中被概括为"如临深渊，如履薄冰"（《论语·泰伯》）。一个人在做事的时候，要像站在深渊旁边一样谨慎行事，要像走在薄冰上一样小心翼翼。

多思、多想、多听、多看、谨言、慎行，这么做的好处就是"寡悔"，让你自己少一点后悔。

世上没有卖后悔药的。人一旦知道做错的时候，一切皆成定局，无法挽回。一个人如果在说话里面少了指责、抱怨，在行为中少了很多让自己后悔的经历，这个人出去做官做事，就能成功了。

这段话多实用！

"言寡尤，行寡悔"这六个字，对我们今天不是照样有用吗？

我在网络上看到一个小故事：

有一个坏脾气的小男孩，一天到晚在家里发脾气，摔摔打打，特别任性。有一天，他爸爸就把这孩子拉到了他家后院的篱笆旁边，说："儿子，你以后每跟家人发一次脾气，就往篱笆上钉一颗钉子。过一段时间，你看看你发了多少脾气，好不好？"这孩子想，那怕什么？我就看看吧。后来，他每嚷嚷一通，就自己往篱笆上敲一颗钉子，一天下来，自己一看：哎呀，一堆钉子！他自己也觉得有点不好意思。

他爸爸说："你看你要克制了吧？你要能做到一整天不发一次脾气，那你就可以把原来敲上的钉子拔下来一颗。"这个孩子一想，发一次脾气就钉一颗钉子，一天不发脾气才能拔一颗，多难啊！可是为了让钉子减少，他也只能不断地克制自己。

一开始，男孩儿觉得真难啊，但是等到他把篱笆上所有的钉子都拔光的时候，他忽然发觉自己已经学会了克制。他非常欣喜地找到爸爸说："爸爸快去看看，篱笆上的钉子都拔光了，我现在不发脾气了。"

爸爸跟孩子来到了篱笆旁边，意味深长地说："孩子你看，篱笆上的钉子都已经拔光了，但是那些洞永远留在了这里。其实，你每向

> 子见齐衰者、冕衣裳者与瞽者，见之，虽少，必作；过之，必趋。
> ——《论语·子罕》

你的亲人朋友发一次脾气，就是往他们的心上打了一个洞。钉子拔了，你可以道歉，但是那个洞永远不能消除啊。"

这个寓言，可以用来解读《论语》中的"言寡尤，行寡悔"这句话。

我们在做一件事之前，要想一想后果，就像钉子敲下去，哪怕以后再拔掉，篱笆已经不会复原了。我们做事，要先往远处想想，谨慎再谨慎，以求避免对他人的伤害，减少自己日后的悔恨。

> 说话要用脑子，做事要考虑后果，这是为人处世很重要的一点。
>
> 要想在纷繁复杂的现代社会中，处理好各种各样的人际关系，更重要的是自己要懂礼节。
>
> 那么，在孔子看来，什么叫礼节呢？

孔子很重视日常生活中的礼节。他尊礼，守礼，行礼，并不是做给别人看，而是一种自我修养。

当做官的人、穿丧服的人，还有盲人，路过他面前，不管这个人多么年轻，他也一定要站起来；如果他要从这些人面前经过，他就小步快走，这表示对这些人的一种尊敬。

对有官位的人，应该表示尊敬；对身上戴孝的人，他们是遭遇不

> 子路问君子。子曰:"修己以敬。"
> 曰:"如斯而已乎?"曰:"修己以安人。"
> 曰:"如斯而已乎?"曰:"修己以安百姓。修己以安百姓,尧、舜其犹病诸!"
>
> ——《论语·宪问》

幸者,也应该表示尊敬;对盲人,用今天的话来说,叫"弱势群体",更应该表示尊敬。你不要打扰他们太久,不要惊扰了他们的伤痛,你应该悄悄地从他们面前经过。

这就是一种礼仪,这就是对人的一种尊重。

孔夫子在其他场合也是这么做的。

《论语·乡党》记载:"乡人饮酒,杖者出,斯出矣。""乡人傩,朝服而立于阼阶。"乡亲们一起行乡饮酒礼,仪式结束后,孔子总是要等拄手杖的老人出门后,自己才走,绝不与老人抢行。乡亲们举行驱除疫鬼的仪式,孔子一定穿着朝服,恭敬地站在东面的台阶上。

这都是一些很小很小的礼节。大家可能会觉得,一个圣人做这点事,还用记载在典籍上吗?这不是谁都懂的道理吗?这是夸圣人吗?

其实,所谓圣贤的言谈举止就是这么朴素,朴素得甚至让今天的我们都有些怀疑。这种故事就像发生在你的邻里,发生在你的身边。

尽管周礼的内涵与今天我们讲的"礼"相去甚远,但表现在孔子言行中的内敬外恭,还是让我们觉得圣贤未远。他依然在把自己感悟到的道理,体会到的经验,留给我们一起分享。

孔子的学生子路曾经问他的老师怎样才能成为一个君子。孔子告诉他说:"修己以敬。"好好修炼自己,保持着严肃恭敬的态度。

子路一听,做到这四个字就能当君子了?不会这么简单吧?于是

> 叶公问孔子于子路，子路不对。子曰："女奚不曰，其为人也，发愤忘食，乐以忘忧，不知老之将至云尔。"
>
> ——《论语·述而》

又追问，说："如斯而已乎？"这样就行了吗？

孔子又补充了一点说："修己以安人。"在修炼好自己的前提下，再想法让别人安乐。

子路显然还不满足，又追问："如斯而已乎？"

孔子又补充说："修己以安百姓。修己以安百姓，尧、舜其犹病诸！"修炼自己，并让百姓过上幸福的生活。像尧、舜这样的圣贤之君还发愁在这件事情上没有做好呢。做到这一点，难道还不够个君子吗？

《论语》中到处是这些朴素的、就好像发生在我们身边的小故事，而很少长篇大论的大道理。我们不会觉得《论语》所说的道理遥不可及，而是可以置身其中，感受到心灵的安顿。

孔子告诉我们的，首先不是如何安天下，而是如何做最好的自己。"修身"，是对家国、对社会负责任的第一前提。孔子和他的弟子力争做"最好的自己"，而目的是为了更好地履行对家国、对社会的责任。这也就是中国读书人"修齐治平"的那条路。

别人曾经问子路：你的老师孔子是个什么样的人？子路没有回答。孔子后来对子路说，你为什么不这样回答呢："其为人也，发愤忘食，乐以忘忧，不知老之将至云尔。"

当我发愤用功的时候，我可以忘了吃饭；当我快乐欢喜的时候，我会忘了忧愁。在这样一个行所当行、乐所当乐的过程中，不知道我的生命已经垂垂老矣。这是孔子的写照，也是中国知识分子追求理想人格的一个写照。

儒家哲学说到底，是培养一种践道者，也就是培养一批能够担当文化使命的特殊阶层。这个阶层中的精英的品格，就是范仲淹所说的"先天下之忧而忧，后天下之乐而乐"（《岳阳楼记》）。他可以忘却一己的得失，把自己融入到一个大的群体利益中。

这是一种信仰，一种情怀，一种社会担当。但其前提又是朴素的，是始自脚下的。修身养性、做好自我，就是起点。

我们常常会听到有人抱怨社会不公，抱怨处世艰难。其实，与其怨天尤人，不如反躬自省。如果我们真的能做到把握分寸，谨言慎行，礼行天下，修身养性，我们会少很多烦恼，就自然会懂得为人处世之道。

怀着乐观和积极的心态，把握好与人交往的分寸，让自己成为一个使他人快乐的人，让自己快乐的心成为阳光般的能源，去辐射他人，温暖他人，让家人朋友乃至于更广阔的社会，从自己身上获得一点欣慰的理由。

我想，这不仅仅是《论语》里面的一种道德理想，它同样适用于二十一世纪。孔子和他的弟子们所享受的那种人生由道德进取而带来的自足，同样是我们今天觉悟的源泉。这大概就是《论语》可以给我们今人最大的借鉴和经验所得吧。

于丹《论语》心得

之四

君子之道

論語選鈔　丙申十月管峻

子張對問夫人何如斯可謂之達矣子曰何哉爾所謂達者子張對曰在邦必聞在家必聞子曰是聞也非達也夫達也者質直而好義察言而觀色慮以下人在邦必達在家必達夫聞也者色取仁而行違居之不疑在邦必聞在家必聞
樊遲從遊於舞雩之下曰敢問崇德脩慝辨惑子曰善哉問先事後得非崇德與攻其惡無攻人之惡非脩慝與一朝之忿忘其身以及其親非惑與

大家读《论语》时会发现，这里面经常出现一个词：君子。我们直到今天还常常将其作为做人的一个标准，说某某人非常君子。但是究竟什么是君子呢？

> 司马牛问君子。子曰："君子不忧不惧。"
> 曰："不忧不惧，斯谓之君子已乎？"
> 子曰："内省不疚，夫何忧何惧？"
> ——《论语·颜渊》

"君子"是孔夫子心目中理想的人格标准，一部短短一万多字的《论语》，"君子"这个词就出现了一百多次。

我们把孔子对于君子所有的言语、界定、描述总结在一起，会发现，大概做一个君子要有几个层次上的要求。

做一个善良的人。这种清晰的道德感是君子的第一个标准。

君子的力量始自于人格与内心。他的内心完满、富足，先完善了自我修养，而后表现出一种从容不迫的风度。

司马牛曾经问过孔夫子，什么样的人才能够称为君子呢？

孔子答："君子不忧不惧。"

司马牛又问："不忧不惧，就可以叫君子吗？"

他可能觉得这个标准太低了。

孔子说："反躬自省，无所愧疚，当然没有什么可忧可惧的。"

我们把孔夫子的意思转换成老百姓的话来说，就是"为人不做亏心事，半夜敲门心不惊"。

一个人反省自己的行为，而能够不后悔、不愧疚，这个标准说低也低，我们每个人都可以做到；说高就是个至高无上的标准，大家想想，要使自己做过的每件事都经得住推敲，上不愧于天，下不怍于人，实在是极不容易的事。所以孔子才把它作为君子的人格标准。

孔子在给学生讲课的时候曾经很认真地跟他们讨论过君子的问

> 就在此际,从自我修养做起,做一个真君子。
> ——于丹心语

题,他说:"君子道者三,我无能焉:仁者不忧,知者不惑,勇者不惧。"(《论语·宪问》)

孔子一上来很谦虚,说"不忧""不惑""不惧"这三点自己做不到。

什么叫"仁者不忧"?

就是说,一个人有了一种仁义的大胸怀,他的内心无比仁厚、宽和,事事懂得为他人着想,可以不纠缠于小的得失。只有这样的人,才能真正做到内心安静、坦然。

什么叫"知(智)者不惑"?

在区区半个世纪之前,一个人一生可能就在一个单位,婚姻基本上不会有任何变动,从小到老可能就住在一个大杂院里。人们的烦恼可能是生活的或然性和可选择性太少。

但在当今社会,我们的痛苦不是没有选择,而是选择太多。往往不知不觉中已经被伪命题绑架,这就是一个繁荣时代带给我们的迷惑。

我们无法左右外在的世界,只有让内心的选择能力更强大。当我们很明白如何取舍,那么那些烦恼也就没有了,这就是孔夫子所说的"知者不惑"。

什么叫"勇者不惧"?

用老百姓的话来说就是"两强相遇勇者胜",也就是说,当你的内心足够勇敢,足够开阔,你就有了一种勇往直前的力量,自然就不

> 子曰："莫我知也夫！"子贡曰："何为其莫知也？"子曰："不怨天，不尤人；下学而上达。知我者其天乎！"
> ——《论语·宪问》

再害怕了。

一个真君子做到了内心的仁、知、勇，从而就少了忧、惑、惧。

孔子说这三条我做不到。子贡说"夫子自道也"——您说的不就是您自己嘛！

大家看，孔子告诉我们的做人标准，不是苛责外在世界，而是把有限的时间、精力，用来"苛责"内心。

一个人内心对自己要求更严格一点，对别人就会厚道一点。我们今天老说做人要厚道，厚道并不是窝囊，而是他可以包容和谅解别人很多的过错，可以设身处地站在别人立场上想问题。

因此，只有真君子才能做到"不怨天，不尤人"，既不抱怨老天爷不给我机会，也不抱怨这个世界上没有人了解我。

> 一个人内心没有了"忧""惑""惧"，自然就减少了对外界的抱怨和指责，也就增强了把握幸福的能力。
> 而增强把握幸福的能力，正是学习的终极目的。

孔子说："古之学者为己，今之学者为人。"（《论语·宪问》）古人学习是为了提高自己，今人学习是为了炫耀于人、取悦于人。

真正尊崇学问的人，他的学习是为了心灵的建树。从书本上学，

> 在孔子看来,做君子就是做一个最好的你自己,按照自己的社会定位,从身边做起,从今天做起,让自己成为内心完善的人。因为只有你的内心真正有了一种从容淡定,才能不被人生的起伏得失所左右。
>
> ——于丹心语

从社会上学,从小学到老,无非是学习一种把握幸福的能力。

让自己成为一个有知识、有教养,而且内心忠诚的公民,然后以此在社会上安身立命,学习的目的就是完成这么一个自我角色的建立和提升。

而"为人之学"又是什么呢?

它是把学到的知识当成工具,当成一种技能,以之谋一份职业,为自己谋一份福利。

孔子曾经直截了当地跟他的学生子夏说:"女(汝)为君子儒,无为小人儒。"(《论语·雍也》)就是说,你要想着提高修养,不要老惦记眼前的一点点私利。

孔子从来不说做君子就要像某个偶像,在孔子看来,做君子就是做一个最好的你自己,按照自己的社会定位,从身边做起,从今天做起,让自己成为内心完善的人。因为只有你的内心真正有了一种从容淡定,才能不被人生的起伏得失所左右。

这使我想起了一个小故事:

在一条小街上,三个裁缝开了三家裁缝店,每一家都想招揽最多的客人。

第一个裁缝挂出一块大牌子,上写:我是本省最好的裁缝。

第二个裁缝一看,觉得我要比他更高一点啊,于是做了一块更大

的牌子，上面写着：我是全国最好的裁缝。

第三个裁缝想了想，难道我还能写是全世界最好的裁缝吗？想了半天，最后他做了一块很小的牌子挂出去，结果这条街上的客人都来了第三家，前两家变得冷冷清清。

第三个裁缝的牌子写的是什么？上面写道：我是这条街上最好的裁缝。

也就是说，他把视线收回到眼前，从当下做起，反而得到了人们的认可。

> 做好自己的事，当一个善良的人，这是《论语》对于君子的第一条界定。但是不是做一个善良的人就可以称之为君子了呢？还不是。

做一个内心完善的人，是成为君子的前提。但仅有这个是不够的，孔夫子心目中的君子，不仅是一个好人，还要是伟大和高尚的人，他要胸怀天下，奋发有为。

孔子曾经说过，"士而怀居，不足以为士矣"（《论语·宪问》）。就是说，一个人如果成天想的都是自己的小家，自己的小日子，那么这个人就不能够成为一个真正的君子。

孔子的学生曾子曾经说过:"士不可以不弘毅,任重而道远。仁以为己任,不亦重乎?死而后已,不亦远乎?"(《论语·泰伯》)

这样一份担当,后来就演化成了中国儒家人格中所谓的"天下兴亡,匹夫有责"。

中国人的人格理想很有意思,儒家和道家从来不是彻底分离的,而是人格理想的两端。用林语堂先生的话来讲,中国每一个人的社会理想都是儒家,而每一个人的自然人格理想都是道家。也就是儒道互补。

这就是我们经常的一种表述,叫作"穷则独善其身,达则兼善天下"(《孟子·尽心上》)。一个人在显达的时候能以天下为己任,而在困窘之时还不放弃个人修养,还能心怀天下,这就是君子了。

在孔子之后,中国古代有许多名士当自己穷困潦倒的时候,还念念不忘苍生黎民。

诗圣杜甫在自己的茅屋仅能容身又破败漏雨之时,他想的却是"安得广厦千万间,大庇天下寒士俱欢颜"(《茅屋为秋风所破歌》),想让更多的人住上好房子。我们不会感到杜甫是在说大话,而是会被那博大的胸襟和炽烈的感情所震撼!

再比如范仲淹,他认为一个士人不论是"居庙堂之高",还是"处江湖之远",都应该系念天下君民,都应当"先天下之忧而忧,后天下之乐而乐"(《岳阳楼记》)。

这样博大的胸怀,这样高远的志向,不难看到孔子和《论语》的影响。

读到这里,大家也许会有一种疑问:儒家讲"天下己任"是要以牺牲个人利益为前提的吗?

其实孔夫子并不否认个人利益的存在,相反,他所倡导的这样一种笃定、实用而温暖的人际理论是以保障每个人的利益权利最大化为前提的。他让你在此基础上尽量为社会做更多的事情。

但孔子认为谋求个人利益的时候一定要走正路,不能一心想走捷径,一心想贪小便宜。孔夫子认为,走正路还是走捷径,是君子和小人的区别。

他说:"君子喻于义,小人喻于利。"(《论语·里仁》)"义"就是"宜",也就是说,君子走的始终是一条适宜的正路。而小人则一心看重私利,在一己私利驱使下很容易走上邪路。

那么,君子和小人有哪些不同的表现呢?

孔子说:"君子怀德,小人怀土;君子怀刑,小人怀惠。"(《论语·里仁》)就是说,君子和小人每天心中惦记的事情是不同的。

君子每天牵挂的是自己的道德修养,小人则记惦的是自己的家乡;君子心中始终有一份规矩、法度,不得超越,小人则满脑子想的是些小恩小惠、小便宜。

> 小人就是没有大眼界，抢占眼前小便宜的人。
> ——于丹心语

一个人每天就惦记自己家的事情，比如我怎么样能够多买一套房，我怎么样利用一下福利分房政策，每天算计着自家的衣食居住，这就是孔夫子说的小人的心思。当然这也没有太大的过错，但是如果一个人的心就拘囿在这么一点点利益上，为了维护和扩大这一点点利益，而不顾道德和法律的约束的话，那就很危险了。

君子从来是尊重道德法制的，就像我们每一个人，走过街天桥，走人行横道，等待红灯，这些看起来都会给我们生活多多少少带来一点限制，但是当这点限制成为彼此尊重的社会默契的时候，却保障了自己的安全。

而小人则贪图眼前的利益，喜欢钻小空子，占小便宜，一次两次可能得手，但这里面潜藏着危机，迟早要吃大亏。还是拿走路来说，一看红灯、绿灯中间闪着黄灯，赶紧跑过去吧，觉得这个事情占了个小便宜，久而久之，这里面有多大的隐患大家都心知肚明。

所以什么是小人呢？就是没有大眼界，抢占眼前小便宜的人。

那么在今天这个社会，怎样成为一个君子？我想不妨从倡导"恒心"开始。

我们现在这个社会有了多元选择，我们在兴奋、激情的驱使下，在众多选择中摇来摆去，难以决定。这是缺乏"恒心"的表现。

每一个人走上社会的时候，都会怀抱一种理想和憧憬，希望能够

> 子曰："君子和而不同，小人同而不和。"
> ——《论语·子路》

有所作为。但是为什么这些理想在现实中会一一破灭？一个重要的原因就是我们的"恒心"不够，也就是价值观不稳定。

如果我们真正有一番定力，有一个宏阔的境界，即使没有达到"无恒产而有恒心"那么高的境界，起码离君子已经不是很远了。

这是君子的第二个标准。

君子还有第三个标准，就是"矜而不争，群而不党"（《论语·卫灵公》）。

就是说：君子是合群的，虽然他内心庄重、庄严不可侵犯，但他在一大群人里头却从来不争。同时，他也决不拉帮结派，谋取私利。

这也就是孔子所说的"君子和而不同"（《论语·子路》）。

举个例子，许多人在一起，大家的观点肯定会不完全一样，当各自说出自己的观点时，一个真君子是会认真倾听的，他能够理解和尊重每一个观点的合理性，同时又能够坚持自己的观点。这样就既保证了整体的和谐，又保留了不同的声音。我们今天说要构建和谐社会，就是要把每一个不同的声音和谐地融入到大的集体的声音中。

小人则刚好相反，他是"同而不和"（《论语·子路》）。

生活中经常会看见这样的场面：大家讨论一件事情的时候，领导的话还没说完，马上就会有人跳出来说，对对对，领导说得真好，什么高屋建瓴、深谋远虑之类的溢美之词说了一大箩筐，可是真到实施计划的时候磕磕碰碰，强调个人本位，不能以局部利益服从全局。

关于君子和小人行事的不同，孔子还有一个表述，叫作"君子周而不比，小人比而不周"（《论语·为政》）。

"周"就是能够团结照顾到很多人，他以道义为准则与人交往，所以有很多志同道合的朋友。一个真君子不管他有多少朋友，他都会像空气里的氧气一样，让朋友们感觉到很欢欣，感到受到照应。

"比"这个字，字形像两个人紧挨着站在一起。这句话的意思是说，小人喜欢结成小圈子，他不会融入大集体。

每个人的社交圈子都好比一个Party（聚会），一个君子会让这里面远近亲疏所有人都觉得很舒服；但是小人呢，他会和他最要好的人躲到一个角落去嘀嘀咕咕，好像他们两个人好得不得了，整个世界都在他们的背面。

为什么会有这种不同呢？还是因为君子和小人的道德境界不同。

孔子说："君子坦荡荡，小人长戚戚。"（《论语·述而》）小人之所以喜欢互相勾结，是因为他的心里有小利，想通过这种勾结谋取私利和维护既得利益。所谓"结党营私"，正是这个意思。而君子则胸怀坦荡，因为他坦然无私，所以能够平和，能够以善意跟所有人走到一起。

中国一直以和谐为美，而真正的和谐是什么？就是在坚持不同声音、不同观点的前提下，对于他人的一种宽容，一种融入。其实这就是君子之道。

因为君子和小人有这许多不同，因而同君子相处和同小人相处，情形会很不一样。

孔夫子说："君子易事而难说也。说之不以道，不说也；及其使人也，器之。小人难事而易说也。说之虽不以道，说也；及其使人也，求备焉。"（《论语·子路》）

《论语》的叙事方式特别容易懂，就是因为它总是把君子和小人放在一起比较。

说，是"悦"的古体字，高兴。一个君子你很容易与他相处，但是你又难以取悦他。假如你想以不正当的手段取悦他，他反而会不高兴。决不会说你给他一个小恩小惠，他就给你大开绿灯，大开后门。等到他真正使用你的时候，他会根据你的才干，给你安排一个合适的位子。这就叫"器之"。

小人的特点是你很容易取悦他，但是你很难与他相处。生活中这样的人不在少数。比如说你给他一点小恩小惠，帮他一个小忙，甚至你请他喝一顿酒，这个人就会很高兴了。即便你取悦他的方式是不合乎道义的，是不正当的阿谀谄媚，他还是会很高兴。但这样的人又是很不容易共事的。你千万不要以为取得了他一时的欢心，他以后就会非常忠诚地一路给你开绿灯，虽然你费了很多力气，花了很多钱财，打通了关节，但等到他真要用人的时候，他不会根据你的才干给你安排工作，而是求全责备，觉得你这儿也不够格，那儿也不达标，你以前所做的一切都算白费。他会想法刁难你，让你觉得很尴尬。所以这样的人你很难与他相处。

这就是小人和君子的区别。

> 《论语》中为我们描述的君子，除了要是一个善良的人，一个高尚的人，一个很好相处的人外，还有一个重要的标准，就是说话和做事的标准。
> 一个君子的言行，应该是怎样的呢？

一个君子不会把自己要做的事、要达到的目标先说出来，而往往是等把事都做完了，目标达到了，才淡淡地说出来。这叫"先行其言而后从之"（《论语·为政》）。

孔子十分讨厌那些夸夸其谈的人，他说："巧言令色，鲜矣仁。"（《论语·学而》）他认为，真正的君子应该"讷于言，而敏于行"（《论语·里仁》），表面上可能是木讷的，少言寡语，但他的内心无比坚定、刚毅。

> 君子的力量永远是行动的力量，而不是语言的力量。
> ——于丹心语

《圣经》说世上最追不回来的有三件事：射出的箭、说出的话和失去的机会。说出的话有时候就像覆水难收，所以一个真君子，总是先把事情做到，然后再去说。

孔子说："君子耻其言而过其行。"（《论语·宪问》）这在今天成为一个成语，叫"言过其行"。一个人说的多于他做的，是君子之耻。

> 君子的力量永远是行动的力量，而不是语言的力量。
> 君子崇尚实干，那么，一个真君子应当在社会中扮演什么样的角色，从事什么样的职业？

在孔子看来，君子所承担的社会责任是比职业主义更高一层的理想主义。君子从来不是固定在某个职业中，他说："君子不器。"（《论语·为政》）君子在这个世界上不是作为一个器具存在的。器具是什么呢？就是一个呆板的、不会变化的器物而已。

所以，君子的社会角色是变通的、与时俱进的。一个君子重要的不在于他的所为，而在于他所为背后的动机。他们是社会的良心。

人很奇怪，我们是思维决定行动，也就是态度决定一切。我们在这个社会上每天做的事情大体相同，但对这些事情的解释各有不同。

我曾经看过十五世纪一个宗教改革家写的一本书，在这本书中他讲了自己青年时代的一个小故事，而这个故事改变了他的一生：

他说有一天他路过一个烈日炎炎下巨大的工地，所有人都在汗流浃背地搬砖。

他去问第一个人说，你在干什么呢？

那个人特别没好气地告诉他，你看不见啊，我这不是服苦役——搬砖吗？

他又拿这个问题去问第二个人。这个人的态度比第一个人要平和很多，他先把手里的砖码齐，看了看说，我在砌堵墙啊。

后来他又去问第三个人。那个人脸上一直有一种祥和的光彩，他把手里的砖放下，抬头擦了一把汗，很骄傲地跟这个人说，你是在问我吗？我在盖一座教堂啊。

大家看一看，这三个人做的事情是一模一样的，但是他们给出来的解读却是三个层次：

第一种人的态度我称为悲观主义的态度。他可以把我们所做的每一件事情都看作是生活强加给我们的一份苦役，他关注的是当下的辛苦，当然这也是确实存在的。

第二种人的态度我称为职业主义的态度。他知道自己在砌一堵墙，这堵墙是一个局部成品，他知道要对得起今天的岗位，要对得起他的一份薪水、一个职务和职称，所以他的态度不低于职业化的

底线。这就是孔子所说的"器"的境界，作为一个器具的存在他合格了。但是他没有更高的追求。

而第三种人的态度我称为理想主义的态度。也就是说，他看到眼前的每一块砖，每一滴汗，他都知道这是在通往一座圣殿。他知道，他的每一步路都是有价值的，他的付出一定会得到最终的成全。此时，他所做的事情绝不仅仅作为一个器皿，而是关系到我们的生命，我们的梦想，关系到我们最终能不能建筑起一座教堂。而同时，因为有了这个教堂梦想的笼罩，也成就了这样一个超出平凡的个体。

由此可见，"君子"这个《论语》中出现最多的字眼，这个身份与一个人的阶层、收入，甚至学问关联都不大。君子之行，是每一个人可以从当下做的。而那个梦想，那个目标，既是高远的，又不是遥不可及，它其实就存在于我们每一个人的内心。从这个意义上讲，当今社会的每一个愿意自律自修的人都可以成为一个真君子。

于丹《论语》心得

之五

交友之道

論語選抄

孔子曰天下有道則禮樂征伐自天子出天下無道則禮樂征伐自諸侯出自諸侯出蓋十世希不失矣自大夫出五世希不失矣陪臣執國命三世希不失矣天下有道則政不在大夫天下有道則庶人不議

孔子曰祿之去公室五世矣政逮於大夫四世矣故夫三桓之子孫微矣

孔子曰益者三友損者三友友直友諒友多聞益矣友便辟友善柔友便佞損矣

孔子曰益者三樂損者三樂樂節禮樂樂道人之善樂多賢友益矣樂驕樂樂佚遊樂宴樂損矣

歲次丙申十月山竹居主人管峻書

一个人有什么样的朋友,直接反映着他的为人。

要了解一个人,你只要观察他的社交圈子就够了,从中可以看到他的价值取向。这就是我们经常说的"物以类聚,人以群分"。

人们常说:"在家靠父母,出外靠朋友。"朋友在一个人的社会活动中无疑是非常重要的。朋友像一本书,通过他可以打开整个世界。

但是朋友有好坏之分。良朋益友可以给你带来很多帮助,恶朋佞友却会给你带来许多麻烦,甚至引你走上邪路。因此,选择朋友就显得非常重要。

那么,什么样的朋友是好朋友,什么样的朋友是不好的朋友,怎样才能交上好的朋友呢?

《论语》里面给出了答案。

> 孔子曰："益者三友，损者三友。友直，友谅，友多闻，益矣；友便辟，友善柔，友便佞，损矣。"
>
> ——《论语·季氏》

孔夫子非常看重一个人成长过程中朋友的作用。

孔子教育自己的学生要结交好的朋友，不要结交不好的朋友。

他说，这个世界上对自己有帮助的有三种好朋友，就是所谓"益者三友"，是友直、友谅、友多闻。

第一，友直。直，指的是正直。

这种朋友为人真诚，坦荡，刚正不阿，有一种朗朗人格，没有一丝谄媚之色。他的人格可以影响你的人格。他可以在你怯懦的时候给你勇气，也可以在你犹豫不前的时候给你果决，所以这是一种好朋友。

第二，友谅。《说文解字》说："谅，信也。"信，就是诚实。

这种朋友为人诚恳，不作伪。与这样的朋友交往，我们内心是妥帖的，安稳的，我们的精神能得到一种净化和升华。

第三，友多闻。这种朋友见闻广博，用今天的话说就是知识面宽。

在孔子生活的先秦时代，不像我们今天有电脑，有网络，有这么发达的资讯，有各种形式的媒体。那个时候的人要想广视听怎么办呢？最简单的一个办法就是结交一个广见博闻的好朋友，让他所读的书，让那些间接经验指导你的生活与实践。

当你在一些问题上感到犹豫彷徨，难以决断时，不妨到朋友那里，也许他广博的见闻可以帮助你作出选择。

结交一个多闻的朋友，就像拥有了一本厚厚的百科辞典，我们总能从他的经验里面，得到对自己有益的借鉴。

> 《论语》中的益者三友，就是正直的朋友、诚实的朋友、广见博识的朋友。
>
> 孔老夫子又说有三种坏朋友，即"损者三友"，那又是些什么样的人呢？

孔夫子说，还有三种坏朋友，叫作友便辟，友善柔，友便佞，有这三者"损矣"。这"损者三友"，是三种什么人呢？

首先是便辟，这种朋友指的是专门喜欢谄媚逢迎、溜须拍马的人。

我们在生活中经常会碰到这样的人，你的什么话，他都会说"太精彩了"；你做的任何事情，他都会说"太棒了"。他从来不会对你说个"不"字，反而会顺着你的思路、接着你的话茬儿，称赞你，夸奖你。

这种人特别会察言观色，见风使舵，细心体会你的心情，以免违逆了你的心意。

"友便辟"和"友直"正好相反，这种人毫无正直诚实之心，没有是非原则。他们的原则就是让你高兴，以便从中得利。

交友之道

大家还记得电视剧《铁齿铜牙纪晓岚》里面的大奸臣和珅吗？他对乾隆皇帝百般逢迎，奴颜谄媚，几乎无所不用其极。这就是一个典型的"便辟"之人。

孔夫子说，和这种人交朋友，太有害啦！

为什么？和这种人交朋友，你会感到特别舒服、愉快，就像电视剧里乾隆皇帝一样，明知道和珅贪赃枉法，却还是离不开他。

但是，好话听多了，马屁拍得舒心了，头脑就该发昏了，自我就会恶性膨胀，盲目自大，目中无人，失去了基本的自省能力，那离招致灾难也就不远了。

这种朋友，就是心灵的慢性毒药。

第二种叫善柔。这种人是典型的"两面派"。

他们当着你的面，永远是和颜悦色，满面春风，恭维你，奉承你，就是孔子说的"巧言令色"。但是，在背后呢，会传播谣言，恶意诽谤。

我们经常会听到这样的控诉：我的这个朋友长得那么和善，言语那么温和，行为那么体贴，我把他当作最亲密的朋友，真心地帮助他，还和他掏心窝子，诉说自己内心的秘密。可是，他却背着我，利用我对他的信任，谋取自己的私利，还散布我的谣言，传扬我的隐私，败坏我的人格。当我当面质问他的时候，他又会矢口否认，装出一副老好人受委屈的样子。

这种人虚假伪善，与"谅"所指的诚信坦荡正好相反。

他们是真正的小人，是那种心理阴暗的人。

但是，这种人往往会打扮出一副善良面孔。由于他内心有所企图，所以他对人的热情，比那些没有企图的人可能要高好几十倍。所以，你要是一不小心被这种人利用的话，你就给自己套上了枷锁。如果你不付出惨痛的代价，这个朋友是不会放过你的。这是在考验我们自己的眼光，考验我们知人论世的能力。

第三种叫便佞。便佞，指的就是言过其实、夸夸其谈的人，就是老百姓说的"光会耍嘴皮子"的人。

这种人生就一副伶牙俐齿，没有他不知道的事，没有他不懂得的道理，说起话来滔滔不绝，气势逼人，不由得人不相信。可实际上呢，除了一张好嘴，别的什么也没有。

这种人又和上面讲的"多闻"有鲜明的区别，就是没有真才实学。便佞之人就是巧舌如簧却腹内空空的人。

孔夫子从来就非常反感花言巧语的人。君子应该少说话，多做事。他最看重的，不是一个人说了什么，而是一个人做了什么。

当然，在现代社会，人们的价值观有了一定的变化，有真才实学的人，如果口才太过于笨拙，不善于表达自己，也会给自己的职业和人生带来一些障碍。

但是，如果只会言语，没有真功夫，那种危害比前者要可怕得多。

> 《论语》中的"损者三友"，就是谄媚拍马的朋友，两面派的朋友，还有那些夸夸其谈的朋友。这样的朋友可千万不能交，否则我们将付出惨重的代价。
>
> 但是，好人坏人都不会写在脸上，我们怎样才能交到好朋友而远离坏朋友呢？

要想交上好朋友，不交坏朋友，需要两个前提：一是意愿，二是能力。在孔子的理论里，前者叫作"仁"，后者叫作"知（智）"。

那么究竟什么是仁呢？孔子的学生樊迟曾经问过他的老师。

老师只回答了两个字："爱人。"真正爱他人就是仁。

樊迟又问，什么叫"知（智）"？

老师同样回答了两个字："知人。"了解他人就是有智慧。

可见，我们想要交上好朋友，第一要有仁爱之心，愿意与人亲近，有结交朋友的意愿；第二，要有辨别能力。这样才能交到品质好的朋友。有了这两条，就有了保障交友质量的底线。

从某种意义上讲，交到一个好朋友其实就是开创了一段美好生活。我们的朋友正像一面镜子，从他们身上能看到自己的差距。

但是，也有些无心之人，老跟朋友在一起，自己却不能对照自省。

举个不一定恰当的例子。《史记》卷六十二《管晏列传》里面有一篇晏子的传记。晏子就是齐国的名相晏婴，"晏子使楚"的故事是大家所熟悉的。

大家知道，晏婴是五短身材，其貌不扬，看起来样子有点猥琐。可是他有一个车夫，却长得特别帅，个子高高的，相貌堂堂。

这个车夫很有意思，觉得自己给齐国的宰相驾车很风光。而且，他觉得自己的位置很好啊：每天坐在车前面，驾着高头大马，而晏子却只能在车棚里面坐着。他觉得车夫这个职业真是太好了！

有一天，车夫回到家里，发现自己的夫人哭哭啼啼地收拾了东西要回娘家。他吃惊地问道，你要干什么？他夫人说，我实在忍受不了了，我要离开你。我觉得跟你在一起挺耻辱的。

车夫大惊，你不觉得我风光吗？他夫人说，你以为什么叫作风光？像人家晏婴那样身负治世之才，却如此谦恭，坐在车里毫不张扬，而你不过就是一个车夫而已，却觉得自己风光无限，趾高气扬全在脸上！你整天跟晏婴这样的人在一起，却不能从他身上学到一点东西来反省自己，这使我对你很绝望。跟你生活是我人生最大的耻辱了。

后来这个事情传扬出来，晏婴对这个车夫说：就冲你有这样的夫人，我就应该给你一个更好的职位。结果提拔了这个车夫。

> 这个故事告诉我们什么呢？这就是说，我们的周围有很多人，他们的生活方式和处世态度，都可以成为我们的镜子，关键是我们自己要做个有心人。

孔夫子提倡我们结交益友，就是对我们有提升的人。但这个提升并不是说通过他可以改善你的现实生活条件，相反，孔子从来不主张你去结交富豪和有权势的人，而是要你去结交那些可以完善你的品德，提高你的修养，丰富你的内涵的人。

大家知道，中国古代有一个山水田园诗派，这个流派的作品以表现隐逸情怀、抒发山水田园之乐为主。

那么，真正的田园在哪里？它并不在与世隔绝的深山老林，而在现实生活之中。所谓小隐隐于野，而大隐隐于市，只有那些修炼不够的小隐士才会躲到这个山那个山，修座别墅宣称避世；真正的大隐是不离红尘的，他可能就生活在闹市之中，每天做着跟大家毫无二致的事情，但他的心中却自有一方从容宁静的田园。

我们都知道陶渊明，他是田园诗创作的鼻祖，中国的隐逸之宗。陶渊明的生活条件虽极其简陋，但他活得却很安详。《南史·隐逸传》记载说，陶渊明自己不解音律，却蓄素琴一张，这张琴连弦都没有，就是

> 结交那些快乐的，能够享受生命的，安贫乐道的朋友。
>
> ——于丹心语

那么一段木头。他每有会意，就抚弄这段木头，说是弹琴，而且弹得很投入，把自己内心的情感全都寄寓其中，有时弹着弹着就痛哭失声。而每每此时，那些真正听得懂的朋友也会为之动容。陶渊明用这么一张无弦琴弹奏他心灵的音乐，和朋友们把酒言欢，然后说，"我醉欲眠卿可去"，我已经喝醉了你们走吧。朋友们也不计较，就都走了，日后还是欢会如旧。这样的朋友才是真正的朋友，这样的日子才是真正的潇洒，因为大家的心灵有一种默契。两百多年之后，李白写下这样一首诗："陶令去彭泽，茫然太古心。大音自成曲，但奏无弦琴"（《赠临洺县令皓弟》）。这种深刻的懂得，也属于隔着时光的真朋友了。

我曾经看过台湾著名的散文家林清玄写的一篇散文，他说一个朋友向他要一幅字，挂在自己书房里。朋友对他说，你要写非常简单的，让我每天看了以后就有用的一句话。他想了半天，就写了四个字，叫"常想一二"。那个朋友不懂，说这是什么意思啊？林清玄解释说，大家都说这个世上"不如意事常八九，可与言者无二三"，我们就算认可这种说法吧，但是起码还有一二如意事啊！我帮不了你太多，我只可以告诉你就常想那"一二"吧，想一想那些快乐的事情，去放大快乐的光芒，抑制心底的不快，这也就是我作为一个朋友能够为你做的最好的事情了。

有这样一个来自西方的寓言，说有一个国王过着锦衣玉食、声色犬马的日子，天下所有至极的宝物美色都给了他，他仍然不快乐。他

不知道怎样才能快乐起来，于是派人找来了御医。

御医看了半天，给他开了一个方子，说你必须让人在全国找到一个最快乐的人，然后穿上他的衬衫，你就快乐了。

国王就派大臣们分头去找，后来终于找到了一个快乐得不可救药的人，但是大臣们向国王汇报说，我们没有办法拿回那件能够给您带来快乐的衬衫。

国王说，怎么会这样？必须给我拿回那件衬衫！

大臣们说，那个特别快乐的人是个穷光蛋，他从来就是光着膀子的，连一件衬衫都没有。

其实这个寓言也是对生活的一种诠释，它告诉我们，生活中真正的快乐是心灵的快乐，它有时跟外在的物质生活不见得有紧密的联系。孔子生活的时代，是一个物质极其贫匮的时代，在那个时代真正快乐的力量，也就来自于心灵的富足，来自于一种教养，来自于对理想的憧憬，也来自于同良朋益友间的切磋交流。

> 我们知道了什么样的朋友是好朋友，还需要知道怎样与朋友相处好。好朋友是不是就意味着要打成一片？我们经常说，谁跟谁好得穿一条裤子，这是朋友相处的恰当距离吗？

> 孔子曰："侍于君子有三愆：言未及之而言谓之躁，言及之而不言谓之隐，未见颜色而言谓之瞽。"
> ——《论语·季氏》

在这个世界上，所有没有分寸的事情，都可能做得过度或者不及。与朋友相处，同样应当注意分寸。比如你跟一个君子交朋友的时候，什么时候说话，什么时候不说话，自己都要有尺度。

孔子说："言未及之而言谓之躁。"（《论语·季氏》）

话还没说到那儿，你就出来发表意见了，这叫毛毛躁躁。这不好。大家有大家的公共话题，一定要到众望所归，大家期待一个话题的时候，你再徐徐道来，这个时候才是合适的。

现在很多人在网络上都有自己的博客，其实是急于要把内心深处的一些东西展示给人看。但过去没有博客，大家靠说话来交流了解。大家也许会发现，朋友聚会的时候，总有一些人喜欢滔滔不绝说自己关心的事情，比如我最近去打猎了，我最近升职了。或者有一些女性朋友聚会时，有的人上来就会说我男朋友怎么样，我的孩子怎么样，等等。这些当然都是她特别想说的话题，但这些话题是不是大家一定关心呢？也就是说，她一个人说话的时候无形中剥夺了其他人选择话题的权利。所以在"言未及之"的时候喜欢跳出来说话是不好的。

但是还有另外一个极端，"言及之而不言"，孔子说这个毛病叫作"隐"。

也就是说，话题已经说到这儿了，你本来应该自然而然地往下说，可你却吞吞吐吐，遮遮掩掩，不跟大家说心里话。这种朋友会让大家

交友之道

觉得彼此心里还存有隔膜。话题既然已经到这里了,你干吗不说呢?是自我保护,还是故作矜持,还是要吊大家的胃口?总而言之,该说的时候不说,也不好。

第三种情况,用孔子的话说就是"未见颜色而言谓之瞽",也就是我们今天老百姓所说的没眼色。

这个"瞽"字说得很严厉,就是一个人不看别人的脸色,上来就说话,这就叫"睁眼瞎"。你要注意了解对方,你要看看什么话能说,什么话不能说,这就是朋友之间的尊敬和顾忌。

其实何止是朋友,夫妻之间、父子之间,难道就没有顾忌吗?每一个成年人都有他生命中的光荣与隐痛,真正的好朋友不要轻易去触及他的隐痛,这就需要你有眼色。当然这跟投其所好不同,这是你给朋友营造的一个宽和与友好的气氛,让他跟你沟通下去。

在世界采访史上,有一个著名的案例。

费雯·丽在美国好莱坞拍的影片《乱世佳人》获得了十一项奥斯卡提名之后,一举成名。当这部电影风光无限,首次去欧洲巡演的时候,费雯·丽乘班机降落在伦敦停机坪上,成千上万的记者在下面围着。

有一个没有眼色的记者冲在了最前面,他非常热情地问刚刚走出舷梯的费雯·丽说,请问你在这个电影里扮演什么角色?这一句话使费雯·丽转身就进了机舱，再也不肯出来。

在对采访对象毫无了解的情况下说的这句话，不就像睁眼瞎一样吗？

还有，在给朋友提建议或忠告的时候，虽然你的出发点是好的，但也要把握分寸。

孔子对子贡说，向人进谏时，要"忠告而善道之，不可则止，毋自辱焉"（《论语·颜渊》）。就是不一定要做苦口良药，不一定要当头棒喝，你完全可以娓娓道来。有话好好说，这就叫"善道之"。如果这样还说不通，就适可而止，不要等到人家不耐烦了自取其辱。

你千万不能要求对方必须如何如何。其实在今天这个时代，包括父母对孩子都不能提出这样的要求，每一个个体都是值得尊重的，朋友之间尤其要保留这种尊重。好好地说出你的忠告，尽你的一份责任，这就是好朋友了。

> 人在一生中不同的年龄阶段，所交的朋友是不同的。我们如何在不同的年龄阶段都交到有益于自己的好朋友呢？

孔夫子说，人这一辈子，说起来七八十年，好像很长。但是划分一下，可以分成三个大的阶段：少年、壮年、老年。每个阶段上都会

> 孔子曰："君子有三戒：少之时，血气未定，戒之在色；及其壮也，血气方刚，戒之在斗；及其老也，血气既衰，戒之在得。"
> ——《论语·季氏》

> 你与其跟他人斗，不如跟自己斗，想办法提高自己的素质和修养。
> ——于丹心语

有一些需要特别注意的东西，也就是我们平常所说的坎儿。这三个坎儿如果你都越过去了，你这一生就无大碍了。而要成功越过这三道坎儿，同样离不开朋友的帮助。

孔子说："少之时，血气未定，戒之在色。"人在少年的时候，很容易冲动，这个时候要注意不要在男女情感上出现问题。我们经常看到，高中生、大学生因为感情问题出事。这个时候，一些好朋友作为旁观者，他们看得更客观、更清晰，所以好多自己解不开的疙瘩也许会从朋友那里找到答案。

过了这个坎儿，就到了中年。孔子说，人在这个阶段，"血气方刚，戒之在斗"。

人到中年，家庭稳定了，职业稳定了，这个时候想得最多的是什么呢？是谋求更好更大的空间，这就极易与他人产生矛盾和争斗，争斗的结果很可能是两败俱伤。所以孔子提醒说，人在这个时期，最重要的就是告诫自己，不要跟别人争斗。你与其跟他人斗，不如跟自己斗，想办法提高自己的素质和修养。假如一个更好的职位最终没有分派给你，你应该想一想，是不是自己哪些方面还做得不够好。

所以在这个时候，你要结交那种有平常心的朋友。他会帮你看开暂时的得失，超脱利益的纠缠，得到心灵的抚慰，获得精神的栖息地。

那么到晚年应该注意些什么呢？按照孔子的说法，叫"血气既衰，戒之在得"。

人老了，心态就容易走向平和，像罗素所说，湍急的河流冲过山峦，终于到了大海的时候，表现出来的就是一种平缓和辽阔。在这个时候，人要正确对待你得到的东西。这里面其实是大有深意的。

老年人如果被一生所得制约住了，就容易失落，甚至抱怨儿女，历数老友的陈年恩怨，这就是困于"得"。如果说人的前半生拿得起是担当，那么后半生放得下更是潇洒。

人年轻的时候，都是在用加法生活，但是到一定层次后，要学着用减法生活。

你从社会上收获友谊，收获金钱，收获情感，收获你的功勋，此时你已经收获了很多，就像是一个新家，逐渐被东西堆得满满当当一样。你的心灵如果被所得堆满，最后就会累于得。

我们经常看到，老年朋友在一起，互相的交流是什么呢？往往是抱怨。抱怨儿女顾不上自己，说我一把屎一把尿把你们拉扯大了，现在你们都去忙了，连回家来看看都没有时间；抱怨社会分配不合理，说我们当年干革命的时候，一个月才拿几十元钱，你看看我孙女，现在一去外企就挣三四千元钱，这对我们老干部公平吗？

如果老在说这些东西，那么原来的所得就变成生命的一种隐痛，

一种负累。这时就需要朋友的开导,学着舍弃一些东西,这样也就远离了烦恼。

其实纵观下来,《论语》里面真正专门谈论交友之道的文字并不多,但是它教给了我们一种智慧。选择一个朋友,就是选择一种生活方式。而能够交上什么样的朋友,先要看自己有什么样的心智,有什么样的素养;看自己在朋友圈子里面,是一个良性元素还是一个惰性元素,是有害的还是有益的。

也就是说,自己修身养性,是交到好朋友的前提;而交到好朋友,等于给自己打开了一个最友善的世界,能够让自己的人生具有光彩。

于丹《论语》心得

之六

理想之道

論語選鈔

季氏將伐顓臾冉有季
路見於孔子曰季氏將有
事於顓臾孔子曰求無
乃爾是過與夫顓臾昔者先王以為東蒙
主且在邦域之中矣是社稷之臣也何以伐為
冉有曰夫子欲之吾二臣者皆不欲也
孔子曰求周任有言曰陳力就列不能者止
危而不持顛而不扶則將焉用彼相矣且爾言
過矣虎兕出於柙龜玉毀於櫝中是誰之過與
冉有曰今夫顓臾固而近於費今不取後世必為
子孫憂

丙申之秋管峻書於金陵

修身、齐家、治国、平天下,这是中国人传统的道德理想。而《论语》中孔子与他的学生们谈到理想时,并不认为志向越高远就越好,真正重要的是一个人内心的定力与信念。

无论你的理想是大是小,实现所有理想的基础,在于找到内心的真正感受。一个人内心的感受永远比他外在的业绩更加重要。

我们今天该如何理解理想的含义呢?孔老夫子的观念和现代人对理想的追求是不是有矛盾呢?

理想之道

翻开《论语》,我们看到,朴素的字句后面常常闪耀着一种理想之光。

孔夫子说:"三军可夺帅也,匹夫不可夺志也。"(《论语·子罕》)这句话在民间流传得很广,意思是说,一个人的志向至关重要,决定了他一生的发展和方向。

所以孔子在教学生的时候,经常让学生们各自说说自己的理想。在《论语·先进》篇里面有一个比较罕见的完整的段落叫作"侍坐",记载的就是孔子如何跟学生一起畅谈理想。这段文字是这样的:

> 子路、曾皙、冉有、公西华侍坐。子曰:"以吾一日长乎尔,毋吾以也。居则曰:'不吾知也!'如或知尔,则何以哉?"子路率尔而对曰:"千乘之国,摄乎大国之间,加之以师旅,因之以饥馑,由也为之,比及三年,可使有勇,且知方也。"夫子哂之。"求!尔何如?"对曰:"方六七十,如五六十,求也为之,比及三年,可使足民。如其礼乐,以俟君子。""赤!尔何如?"对曰:"非曰能之,愿学焉。宗庙之事,如会同,端章甫,愿为小相焉。""点!尔何如?"鼓瑟希,铿尔,舍瑟而作。对曰:"异乎三子者之撰。"子曰:"何伤乎?亦各言其志也。"曰:"莫春者,春服

既成。冠者五六人，童子六七人，浴乎沂，风乎舞雩，咏而归。"夫子喟然叹曰："吾与点也！"三子者出，曾皙后。曾皙曰："夫三子者之言何如？"子曰："亦各言其志也已矣。"曰："夫子何哂由也？"曰："为国以礼，其言不让，是故哂之。""唯求则非邦也与？""安见方六七十，如五六十，而非邦也者？""唯赤则非邦也与？""宗庙会同，非诸侯而何？赤也为之小，孰能为之大？"

我们把这段文字转换成今天的话就是：这一天，孔子的四个学生子路、曾皙、冉有和公西华陪老师坐着。孔子很随意地跟他们讲，因为我比你们年纪大，老了，没有人用我了。我平时老听见你们说，没有人了解我的志向啊！假如现在有人了解你们，打算起用你们，你们能做什么呢？

子路是个急性子，听老师这么一问，不假思索就回答说："给我一个拥有一千乘兵车的中等国家，这个国家夹在大国中间，外有被武装侵略的危险，内有粮食不足的危机。假如让我来管理它，不出三年，可以使人人振奋精神，并且懂得什么是道义。"

按说子路的理想比较远大，对于那么看重礼乐治国的孔子来讲，假如自己的学生真能有如此业绩，可以使一个国家转危为安，他应该

感到很欣慰吧。没有想到，孔子的反应不仅是淡淡的，而且稍稍有点不屑。"夫子哂之"，微微冷笑了一下，未置可否，就接着问第二个学生："冉求，你的理想是什么？"

冉有名求。他的态度比起子路显然要谦逊很多，没有敢说那么大的国家，那么多的事。他说："假如有一个方圆六七十里或者五六十里的小国家让我去治理，等到三年的光景，可以使老百姓们丰衣足食。至于修明礼乐，那就要等待贤人君子了。"他的意思是说，在物质层面能做到使百姓富足，但要万众齐心，对国家有信念，做到礼乐兴邦，那我可做不到，还是等着比我更高明的君子来吧。

他的话说完了，老师依旧未置可否。接着问第三个人："公西赤！你的理想是什么？"

公西华名赤。他就更谦逊了一层，回答说："非曰能之，愿学焉。"先亮出自己的态度，我可不敢说我能干什么事，现在老师问到这儿，我只敢说我愿意学习什么事。然后他说，在进行祭祀或者同外国会盟的时候，我愿意穿着礼服，戴着礼帽，做一个小小的司仪。他对治理国家、管理人民这些事都没有说。

大家会看到，孔子这三个弟子的态度一个比一个更谦逊，一个比一个更平和，一个比一个更接近自己人生的起点，而不是终端的愿望。

> 我们不缺宏大理想，但是缺乏到达的那条切实的道路。
> ——于丹心语

在今天看来，一个人的发展，最重要的往往不在于终极的理想有多么高远，而在于眼前拥有一个什么样的起点。我们往往不缺乏宏图伟志，而缺少通向那个志愿的一步一步积累起来的切实的道路。

到此为止还有一个人没有说话，所以老师又问了："点！尔何如？"曾点，你想做什么呢？

曾皙名点，他没有立即说话。《论语》对此写得惟妙惟肖，叫作"鼓瑟希"，大家听到的，先是一阵音乐的声音逐渐稀落下来，原来，刚才他一直在专心致志地弹着瑟，听到老师问自己，他让瑟声逐渐缓和下来，缓和到最后一声，"铿尔"，把整个曲子收住。像我们熟悉的《琵琶行》所描写的那样，"曲终收拨当心画"，让乐曲有一个完完整整的结束。曾皙不慌不忙，"舍瑟而作"。什么是"作"呢？那个时候人们是席地而坐，学生听老师讲课或者大家聊天，都是跪坐在自己的脚后跟上。当要回答老师的提问时，要直起身来以表示恭敬，这就叫"作"。曾皙是把瑟放在一边，然后毕恭毕敬地直起身来答对老师的问话。

从这样几个字的描写能够看出什么来呢？可以看出曾皙是一个从容不迫的人，他不会像子路那样"率尔"而对，而是娓娓道来，成竹在胸。他先是征求老师的意见，说，我的理想和这三位同学不一样，能说吗？老师说，那有什么关系呢？就是要各人谈谈自己的志向嘛。

理想之道

这个时候，曾皙才从容地开始阐述他的理想。他说，我的理想是，到了暮春时节，就是阴历的三月，穿上新做的春装，在这个大地开化、万物复苏的季节，陪同几个成年的朋友，再带上一批孩子，大家一起去沂水中，把头发洗涤得干干净净，然后到沂水旁边的舞雩台上，沐春风而思飞扬，与天地在一起共同迎来一个蓬勃的时节，让自己有一场心灵的仪式，这个仪式完成后，大家就高高兴兴唱着歌回去了。我只想做这样一件事。

孔子听了他的话，长长地感叹一声说："吾与点也！""与"，赞同。即是说，孔子的理想和曾点是一样的。这是四个学生畅谈自己理想的过程中，老师发表的唯一一句评价的话。

各人的理想谈完了，子路、冉有和公西华他们三个就下去了。曾皙没有立即出去，而是问老师，您觉得他们三个说得怎么样呢？

老师也很巧妙，他先挡了一下，没有作正面评价，说，无非是每个人说说自己的想法嘛。

但曾皙还要继续问老师，那为什么子路说完话您哂笑了一下呢？

问到这个问题，老师不能不说话了，他说："为国以礼，其言不让，是故哂之。"治理一个国家最核心的东西是讲究礼让，可是子路的话一点都不谦虚，所以笑笑他。意思是说，要以礼制去治理一个国家，首先你的内心要有一种温良恭俭让，这是一个起点。你看子路说

话的时候那么草率,抢在大家之前发言,说明他内心缺乏一种恭敬和辞让啊。

接下来曾皙又问,难道冉有不是想治理一个国家吗?(您为什么没有哂笑他?)

老师说,难道说方圆六七十里,或者说五六十里,甚至更小一点,那就不叫国吗?

曾皙又问,难道公西华说的不是治理国家吗?(怎么也没见您哂笑他?)

老师说,有宗庙,又有国际间的盟会,不是治理国家是什么?像他这样精通礼仪的人说想做一个小司仪者,那么谁又能做大司仪者呢?

孔子的意思是说,他笑子路,不是笑他没有治国理政的才干,而是笑他说话的内容和态度不够谦虚。所以,问题的关键不在于治理对象的大小,不在于它是不是国家,而在于自己的态度。因为冉有和公西华态度谦逊,而他们又有实际的才干,所以孔子没有哂笑他们。

那么问题又来了,既然孔子并没有否定子路、冉有和公西华的理想,为什么唯独对曾皙给予热情鼓励呢?从孔子对曾皙的支持中,我们能看出什么呢?

宋代大理学家朱熹对此有一个比较权威的解读。他说,曾皙的理

想看起来不过是"即其所居之位,乐其日用之常,初无舍己为人之意"(《四书集注》),好像他做的都是些日常小事,没有什么舍己为人的大理想。但是曾皙的内心是完满充盈的,他以自身人格的完善为前提,以万物各得其所为理想,这就比另外那三个人想从事一个具体的职业,在那个职业上做出成绩要高出一个层次。

这就是孔夫子说过的"君子不器"。一个真正的君子从来不是以他的职业素质谋求一个社会职位为目的的,却一定是以修身为起点的,他要从最近的、从内心的完善做起。

> 我们每个人都有自己的理想,但是在匆匆忙忙周而复始的工作节奏中,还有多少时间、多少空间能让你去关注自己的内心呢?我们所看到的往往只是一个社会的角色,被遮蔽的恰恰是我们心灵的声音。

我曾经看到过这样一个小故事:

有一个人过得很不开心,觉得自己有抑郁症的前兆,就去看心理医生。

他跟医生讲,我每天特别害怕下班,我在工作的时候一切正常,但是一回到家里就会感到惶惑。我不知道自己心里真正的愿望是什

> 成功的职业，不一定就是你心中的理想。
> ——于丹心语

么，我不知道该选择什么，不该选择什么。越到晚上，我的心里面会越恐惧，越压抑，所以常常整夜失眠。但是第二天早上一上班，一进入工作状态，我的症状就消失了。长此以往，我很害怕会得上抑郁症。

这个医生认真听完他的倾诉后，给了他一个建议说，在我们这个城市里，有一个非常著名的喜剧演员，他的喜剧演得好极了，所有人看了以后都会开怀大笑，忘怀得失。你是不是先去看看他的演出？等看上一段时间后，我们再聊一聊，看你这种抑郁症前兆是不是有所缓解，然后我们再来商量方案。

听完医生的话，这个人很久很久没有说话。他抬起头来看着医生的时候，已经是满面泪水。他艰难地对医生说，我就是那个喜剧演员。

这好像是一个寓言，但这样的故事很容易发生在我们今天的生活中。大家可以想一想，当一个人已经习惯于自己的角色，在角色中欢欣地表演，认为这就是自己的理想，这就是成功的职业，在这个时候，还有多少心灵的愿望受到尊重呢？我们在角色之外，还留有多大的空间，真正认识自己的内心呢？这就是很多人离开职业角色之后，反而觉得仓惶失措的根源所在。

还有一个有意思的小故事：

理想之道

> 表面看来毫无价值的东西,
> 会给人心一个淡定的起点。
> ——于丹心语

隆冬来临之前,在深秋的田埂上,有三只小田鼠忙忙碌碌地做着过冬准备。

第一只田鼠拼命地去找粮食,把各种谷穗、稻粒一趟一趟搬进洞里。

第二只田鼠卖力地去找御寒的东西,把很多稻草、棉絮拖进洞里。

而第三只田鼠呢?就一直在田埂上游游荡荡,一会儿看看天,一会儿看看地,一会儿躺下休息。

那两个伙伴一边忙活,一边指责第三只田鼠说,你这么懒惰,也不为过冬做准备,看你到了冬天怎么办!

这只田鼠也不辩解。

后来冬天真的来了,三只小田鼠躲在一个非常狭窄的洞里面,看着吃的东西不愁了,御寒的东西也都齐备了,每天无所事事。渐渐地,大家觉得非常无聊,不知道怎么打发这些时光。

在这个时候,第三只田鼠开始给另两只田鼠讲故事。比如在一个秋天的下午,它在田埂上遇到了一个孩子,看到他在做什么什么;又在一个秋天的早晨,它在水池边看到一个老人,他在做什么什么;它说曾经听到人们的对话,曾经听到鸟儿在唱一种歌谣……

它的那两个伙伴这才知道,这只田鼠当时是在为大家储备过冬的阳光。

我们再回过头来看曾皙的理想，他在大地开冻、万物欣欣向荣的时节，安排一个洗涤自己、亲近自然的仪式，这个仪式看起来没有任何实用的意义，但是它却能给内心一个安顿。这种安顿需要我们与天地合一，去敏锐地感知自然节序的变化，感知四时，感知山水，感知风月。

中国万物讲究阴阳相生，数字也是一样，奇数为阳，偶数为阴，所以逢着三月三一定要去踏春，逢着九月九一定要登高赏秋，这个时候诗歌就特别多，因为这是人与四时之间的相约。

这一点对于我们今人来讲是特别奢侈了。在现代化的今天，反季节的事太多了：到了盛夏的时候，屋子里有空调，凉风习习；到了寒冬的时候，屋子里有暖气，温暖如春；到了春节的时候，有大棚里的蔬菜，摆在桌子上五颜六色……当生活的一切变得如此简约的时候，四季走过的痕迹，在我们的心上已经变得模糊；什么四季分明，什么节序如流，在我们心中，已经激不起什么反响。我们不会像曾皙那样敏感，想到在暮春时节，让自己去受一次心灵的陶冶，从而把自己更大的理想坚定地放飞出去。

理想和行动的关系，就如同引线和风筝的关系。这个风筝能飞多远，关键在于你手中的线。而这条线，就是你的内心愿望。你的内心越淡定、越从容，你就越会舍弃那些或激烈、或宏阔、或张扬的外在

理想之道

> 子贡问曰:"何如斯可谓之士矣?"子曰:"行己有耻,使于四方,不辱君命,可谓士矣。"
> 曰:"敢问其次。"曰:"宗族称孝焉,乡党称弟焉。"
> 曰:"敢问其次。"曰:"言必信,行必果,硁硁然小人哉!抑亦可以为次矣。"
> 曰:"今之从政者何如?"子曰:"噫!斗筲之人,何足算也!"
>
> ——《论语·子路》

形式,而尊重安静的、内心的声音。这会使你在走到社会角色中的时候,能够不失去自我,能够有担当,能够做到最好。

许多人感到,"侍坐"这样一章阐述的理想似乎不同于我们一直以来对于《论语》关于立志的判读,不同于曾子所说的"士不可以不弘毅,任重而道远"(《论语·泰伯》)那样的沉重。但是我们静下来想一想,它却是所有那些人生大道、社会理想得以实现的内在基础。一个人如果没有内心的这种从容和对于自我的把握,在他的职业角色中,只能任职业摆布,而不会有对这个职业的提升。

孔子强调一个人的内心修养,决不是放弃对社会的责任,而是为了更好地为社会服务。

在《论语》中有一段意味深长的对话。

学生子贡去问老师:"何如斯可谓之士矣?"怎么样才可以叫作"士"呢?

我们知道,士这个阶层是中国的知识分子阶层,是那种无恒产有恒心,以天下为己任的阶层,这应该是一个很崇高的名誉。

老师告诉他说:"行己有耻,使于四方,不辱君命,可谓士矣。"

孔子的意思是说,一个人做事的时候要知道什么是礼义廉耻,也就是对自己的行为要有所约束,内心有坚定的不妥协的做人标准;同时这个人要对社会有用,就是你要为社会做事。也就是说,一个人有了内心的良好修养以后，不可以每天只陶醉在自我世界，一定要出去为这个社会做事，你要忠于自己的使命，要做到"不辱君命"。这可不容易，因为你不知道你所要承担的是一个什么样的使命啊。所以这是孔子说的"士"的最高标准。

子贡觉得这个标准太高了，就又问："敢问其次？"还有没有低一些的标准啊？

孔子回答他说："宗族称孝焉，乡党称弟焉。"宗族称赞他孝敬父母，乡里称赞他恭敬尊长。你能够从身边做起，把你那种人伦的光芒放射出来，用这种爱的力量去得到周边人的认可，不辱祖先，这就是次一等的"士"。

子贡又接着问："敢问其次？"还有没有更下一等的呢？

孔子说："言必信，行必果，硁硁然小人哉！抑亦可以为次矣。"说话信用诚实，行为坚定果决，这是不问是非黑白只管自己贯彻言行的小人啊。不过，也可以勉强算作再次一等的"士"了。

大家看到这里一定会瞠目结舌说，这么高的标准才是第三等啊？那种言必信，行必果，答应别人的事情，不管用什么办法，也不管会有什么后果，也一定给你做到，就是能够实践自己诺言的人只能勉强算作第三等的"士"。可是，"言必信，行必果"这六个字，今天有几个人能做到啊？

子贡可能也觉得这三个标准太高了,于是又追问了一句说:"今之从政者何如?"现在这些当政的人怎么样?他们算得上"士"吗?

结果他的老师说:"噫!斗筲之人,何足算也!"这些器识狭小的人算得上什么?也就是说,他们离这样一个"士"的标准还太远太远。

其实,"士"的这三个标准,是孔子对一个成熟的能够在社会职业岗位上有所担当的人的质量描述。

士的最高标准是"不辱君命",这很自然会让我们想起战国时候赵国的蔺相如。大家看《史记·廉颇蔺相如列传》,会注意到"完璧归赵"这个故事。

当年赵王得到价值连城的和氏璧,秦王想设法夺过来。于是他派使者告诉赵王说,我愿意用十五座城池来换这块璧。赵王知道秦是虎狼之国,这块璧一旦拿到秦国,就没有办法再拿回来。蔺相如说,如果我们不去的话是自己理亏,我带着这块璧去,如果不能换回城池,我豁出命来也不会让它落在秦王之手,有我在就有这块璧在。

等蔺相如带着和氏璧来到秦国,秦王就随随便便在偏殿接见,并让大臣、美人嘻嘻哈哈地传看这无价之宝。蔺相如一看就明白了,这块玉在这里不受尊敬,就像赵国不受尊敬一样,要拿回来是很难的事情。于是他就跟秦王说,大王,这块美玉是有瑕疵的,你给我,我指给你看。等秦王把这块璧还到他手里,蔺相如退后几步靠在柱子上,怒发冲冠，持璧而立，跟秦王说，你在这样一个地方迎接这块玉，是对宝玉，也是对赵国的不尊重。你知道我们来之前，焚香顶礼，斋戒十五天，以示对秦国的尊重。我奉玉而来，而你随便把这块玉传与大臣、美人，这样一个懈慢的态度就让我知道，你们不是真正想要用城池来换和氏璧的。如果你真要这块玉，你也要像我们一样斋戒焚香十五天，而且你要先把城池划给我们，我才能够再把这块玉给你。不然的话，我的头和这块玉现在就同时撞碎在你金殿的大柱上。秦王害怕了，赶紧答应了他的要求。

蔺相如知道秦王不会履行诺言，所以连夜让家人带着这块美玉逃回了赵国。他自己则留下来，最后跟秦王做一个交代。他对秦王说，我知道你没有真正给我们城池之心，现在完璧已经归赵了。

这样的例子在中国古代典籍中并不缺乏。在一个突变的情形下，一个人怎么样能够有所担当，其实是一个成熟的人在职业角色中所要受到的一种考评。人怎么样可以变得无畏，可以变得淡定而不仓惶？这需要在心中找到一个笃定标准的寄托。这个寄托不见得是大家共同认可的一个宏大理想，也不见得是一种权势、金钱之类的东西。可以说，每一个人都有自己的"达·芬奇密码"，每一个人的生命链条中一定有他自己最在乎的东西，但凡找到这样一个寄托，就会给你这一生找到一个依凭，会找到自己的一个内心根据地。

理想之道

子欲居九夷。或曰:"陋,如之何?"
子曰:"君子居之,何陋之有?"
——《论语·子罕》

理想之道就是给我们一点储备心灵能量的资源。
——于丹心语

在《论语》中,一切高远的理想,都建立在朴素的起点上。我们要相信思想的力量是这个世界上最巨大的力量之一。中国知识分子所要的并不是一种物质生活的奢侈,但他们一定要心灵悠游上的奢侈。

有一次孔子说想搬到九夷,也就是东方偏远的少数民族地区去住。

有人劝他说:"陋,如之何?"那么一个简陋的地方,怎么好住呢?

孔子却淡淡地回答说:"君子居之,何陋之有?"

这句话可以从两个角度来理解。第一个角度,是君子有天下使命,不管这个地方是奢华的还是简陋的,对他来讲只是一个外在环境而已;第二个角度,就是君子的内心有一种恒定的能量,他可以使得周边熠熠生辉,繁花似锦,他自己生命里面的气场可以去改变一个简陋的地方。

唐代大诗人刘禹锡写的《陋室铭》大家都熟悉,在这样短短一篇铭文里面,他把古往今来的名士对于简易的朴素居住环境的这种判读全都呈现出来了。他说,我们居住的这种物质环境可能无法改变,也无须苛求,你周边来往的人才是最重要的环境,所谓"谈笑有鸿儒,往来无白丁",如果你和朋友之间谈论的是共同的志向和共同的寄托,大家有共同的理想,那么这种居住条件的简陋就一点都不重要了。

所以,理想之道是什么?就是给我们一个淡定的起点,给我们一点储备心灵能量的资源。

其实我们真正读懂了"侍坐"篇,看到了"吾与点也"这句喟叹,知道这样一位万世师表的圣人,心中对于那种"浴乎沂,风乎舞雩",在"莫(暮)春"时节"咏而归"的生活方式心存向往的时候,我们就知道,这种阐述跟庄子所说的独与天地精神共往来是如出一辙的。

也就是说,所有古圣先贤首先是站在个人的价值坐标系上,了解了自己心灵的愿望,然后才会有宏图大志,想在这个世界上有所建树。

我们都想要一生建立一个大的坐标,对于前方的远景找到一个起点。让我们从自知之明去建立心灵的智慧,让我们走进《论语》,也做孔子席前一个安静的学生,跨越这千古的沧桑,在今天看一看他那淡定的容颜,想一想他让我们去到自然中的鼓励,在我们每一天忙碌的间歇里面,给自己一点点心灵的关注,而不至于像那个人格分裂的演员一样不敢面对自己的内心。其实在今天这样一个后工业文明的社会里,《论语》传递出的这样一种温柔的思想力量,淡定的、清明的理念,它鼓励了我们对内心的关照,让我们有理由相信我们的理想是有根的。

人生之道

逸民伯夷叔齊虞仲夷逸
朱張柳下惠少連子曰不降
其志不辱其身伯夷叔齊
與謂柳下惠少連降志辱
其身矣言中倫行中慮其
斯而已矣謂虞仲夷逸隱
居放言身中清廢中權我
則異於是無可無不可
論語一則 丁酉春管峻書

孔夫子将他的一生概括为六个阶段，他的这种人生轨迹对于我们现代人来说，仍有许多启迪意义。关键要看我们如何汲取这种智慧，来使自己的人生更富有效率和价值。

> 子在川上，曰："逝者如斯夫！不舍昼夜。"
>
> ——《论语·子罕》

古往今来，光阴之叹是我们看到最多的感慨。

这种感慨在《论语》中也不例外，"子在川上，曰：'逝者如斯夫！'"（《论语·子罕》），这是大家都熟悉的一句话。这句话很含蓄，但是其中又包含着多少沧桑之感！

大家知道，著名的天下第一长联的上联一开始就说，"五百里滇池，奔来眼底"。下联的对句呢，是"数千年往事，注到心头"（孙髯《题昆明大观楼》）。

哲人眼中滚滚奔流的江河水，它不只是一种自然存在，其中流淌的还有挽不回留不住的光阴。

杜甫说，"人生有情泪沾臆，江水江花岂终极"（《哀江头》）；刘禹锡说，"人世几回伤往事，山形依旧枕寒流"（《西塞山怀古》）。人生有限，自然永恒，这种强烈的反差，足以带给人们强烈的心灵震撼，让你怆然涕下。

难怪唐代诗人张若虚在《春江花月夜》里发出那种无端之问："江畔何人初见月？江月何年初照人？人生代代无穷已，江月年年只相似。不知江月待何人，但见长江送流水。"

在这天地悠悠、物序流转中，每一个人都是一个渺小的、转瞬即逝的生命，我们需要有一种什么样的人生规划呢？当然，这种规划是艰难的，因为规划本身已经意味着舍弃了很多。

就在孔夫子看着流水兴叹的同时，他也对自己，同时给他的学生，也给千年万代的后人描述了这样的一种人生轨迹：

> 吾十有五而志于学，三十而立，四十而不惑，五十而知天命，六十而耳顺，七十而从心所欲，不逾矩。（《论语·为政》）

这是一个粗略的人生坐标，在这个坐标上，有几个重要阶段被特别地强调出来。让我们看一看圣人所描绘的这个人生坐标，看它对我们今天还有什么样的借鉴意义。

其实人的一生不过是从光阴中借来的一段时光，岁月流淌过去，我们自己也就把这段生命镌刻成了一个样子，它成为我们的不朽，成为我们的墓志铭。

每一个人都有理由去描述他的理想，但是这一切要从人的社会化进程开始。从一个自然人转化为一个有社会规则制约的人，这就是学习的起点。孔子的"吾十有五而志于学"，是他自己的一个起点，也是他对学生的一种要求。

孔子自己经常说，"我非生而知之者，好古，敏以求之者也"（《论语·述而》）。他说自己不是生下来就了解很多事情，只不过是对

古代文化、对古人所经历的事情非常感兴趣,而且能够孜孜以求,一直认真学习而已。

今天我们要建立一个学习型的社会,那么什么样的学习是好的学习呢?

国际上有一个通行的说法,好的学习是导致行为改变的学习。这颠覆了我们过去的认识。一直以来,我们以为导致思维改变的学习才是好的学习。比如一个观点、一个理论,哪怕一个道听途说的见闻,入乎耳,发乎口,可以再去讲给别人,这就是一种学习。但是在今天,只有导致一个人整个价值体系重塑,行为方式变得更有效率、更便捷、更合乎社会要求的学习,才是好的学习。

在今天这个信息时代,可学的东西实在太多了。现在的孩子已经不只是十五向学了,很多比五岁还要早就开始学习了。但是都学了什么呢?不少孩子会背圆周率,能够背到小数点后很多很多位;有的孩子能够背长长的古诗,成为在客人面前表演的节目。但是这些对他这一生真的有用吗?今天的向学还有多少是孔子所说的"为己之学"?还有多少能够学以致用?

在我们这个信息爆炸的时代,我们最大的苦恼是信息太多,我们最大的难题是选择的难题,因此就更需要有选择、有规划地进行学习。

> 三十而立,就是建立在心灵的自信。
> ——于丹心语

"过犹不及",这是孔子的观点。再好的东西都有它的度,与其贪多嚼不烂,把自己的脑子复制成一个电脑的内存,还不如把有限的知识融会贯通,融入自己的生命。

孔子说,"学而不思则罔,思而不学则殆"(《论语·为政》),一定要一边学,一边想,一边应用。他所提倡的是这样一种从容地把有限的知识放大到极限的学习方式。

我们现在的学院式教育有一个规范长度,但宽度却可以改变。也许孔子提倡的这样一种学与思结合的方式会给我们非常好的启发。

经过这样的学习、历练,我们逐渐地提升自己,有所感悟,这样就走到了三十岁。

> "三十而立",是我们常常挂在嘴边的一句话。几乎每个人到了这个年纪,都会扪心自问:我"立"起来了吗?
> 那么怎样才算立起来了?是否只要有车、有房,或者有了一个什么样的职位就算立起来了呢?而立之年对于人的一生又有着怎样重要的作用呢?

三十这个年纪,在今天,在这个心理断乳期大大错后的时代,尤其是在大都市里,还被称作"男孩""女孩",那么怎样判断一个人在

这个世界上是否"立"起来了呢？对于"立"字，应该有什么样的担当呢？

大家知道，黑格尔提出了"正反合"三段论。人最早接受的教育一般都是正的，比如在刚刚读小学的时候，他相信太阳是明亮的，花朵是鲜红的，人心是善意的，世界是充满温情的，王子和公主最终是可以在一起的，生活中是没有忧伤的。其实这就是正的结果。但是长到十几岁的时候，就会出现比较强烈的逆反心理，二十多岁刚刚步入社会时，就会觉得这个世界上一切都不尽如人意，觉得成人世界欺骗了自己，觉得生活中满是丑陋、猥琐、卑鄙和欺诈。这就是我们经常说的"小愤青"。这个时候，青春的成长有它特有的苍凉，人必然表现出一种逆反。那么走到三十岁，应该是人生"合"的阶段，就是既不像小时候觉得眼前一片光明，也不像二十多岁时觉得一片惨淡。

三十而立的这个"立"字，首先是内在的立，然后才是在社会坐标上找到自己的位置。内立其心，外立其身。

从内在的心灵独立这个意义上来讲，真正好的学习，是把一切学习用于自我，让学到的东西为我所用。这是中国文化要求的一种学习方式。

人如何达到这样一种一切为我所用的融合境界呢？

> 季路问事鬼神。子曰:"未能事人,焉能事鬼?"曰:"敢问死。"曰:"未知生,焉知死?"
> ——《论语·先进》

中国人的学习有两种方式,一种是"我注六经",另外一种是"六经注我"。

前一种方式需要皓首穷经,等头发都读白了,把所有的书读完了,才可以去给经典作注解。

而后一种方式是更高境界的学习。所谓"六经注我",就是学习的目的是以经典所传达的精神来诠释自己的生命。

三十岁这个年纪,是一个建立心灵自信的年纪。这种自信不是与很多外在的事物形成对立,而是形成一种融合与相互提升。这就像泰山上的一副对联,叫作"地到无边天作界,山登绝顶我为峰"。这是中国人对于山川的一种感受,它讲的不是征服,而是山川对自我的提升。就像大地没有边际,以苍天为界,对自己是一种拓展;人登上山峦的顶峰,并不是说我把高山踩在脚下,而是说我站在山顶,高山提升了我的高度。

其实这就是"六经注我"的一种境界。

孔子一直在教学生一种朴素的简约的生活方式,先把眼前的事情做好,不要因为好高骛远而迷惑于一些伪命题。

我们知道,"子不语怪、力、乱、神"(《论语·述而》)。孔子之所以不愿意提及神、鬼这些东西,其实也是他着眼于现实逻辑的表现。

比如子路问鬼神之事,孔子淡淡地对他说:"未能事人,焉能事

鬼?"活人的事你还没弄明白,怎么先想着去侍奉死人?就是说,学习还是要先朴素一点,从眼前开始,别去考虑虚无玄远的东西。

子路不甘心,说:"敢问死。"死亡是怎么回事?

老师又淡淡地告诉他:"未知生,焉知死?"连生的道理还不明白,怎么能够懂得死?

孔子的这个态度对我们今天仍很有启发,在学习的时候,先要把我们生命中能够把握的东西尽可能掌握,先不要超越年龄去考虑那些遥不可及或者玄而又玄的东西。只有这样一点一点学起来,到了该立的年龄才可以真正立起来。

所以"三十而立",我的理解并不是通过一个外在的社会坐标来衡量你是否已经成功,而是由内在的心灵标准衡定你的生命是否开始有了一种清明的内省,并且从容不迫,开始对你做的事情有了一种自信和坚定。

超乎功利去做一件内心真正认定的事情,这大概是"立"的一种见证。

柳宗元笔下的蓑笠翁,在严冬时节"独钓寒江雪",完全是为了垂钓而垂钓;晋代名士王徽之在雪夜乘小舟去访问朋友戴逵,到了朋友的门前不敲门就转身走了。为什么?他因为想念这个朋友,乘兴而来;到了朋友门前,兴尽而返。这就是"雪夜访戴"的故事。这些

> 物质的东西越多，人就越容易迷惑。
> ——于丹心语

古人，都忠于自己的心灵，心灵的指向决定着行为的方向。换言之，三十岁的人应该拥有独立判断和自我调整的能力了。

> 从三十到四十，人们就从"而立"之年步入了孔夫子所说的"不惑"之年。这应当是人生最好的一段时光。
>
> 但每个人到四十岁时都能做到不惑吗？在现代社会，四十岁上下的中年人，上有老，下有小，工作上已经成为骨干，压力又非常大，在这样的环境中，怎样才能做到内心不惶惑呢？

关于"惑"这个概念，《论语》中有过多次阐述。人怎么样才能够真正做到内心不惶惑？这需要大智慧。

从而立到不惑，这是人生最好的光阴。一个人在三十岁以前是用加法生活的，就是不断地从这个世界上收集他所需要的东西，比如经验、财富、情感、名誉等等。但是，物质的东西越多，人就越容易迷惑。

三十岁以后，就要开始学着用减法生活了，也就是要学会舍弃那些不是你心灵真正需要的东西。

我们的内心就像一栋新房子，人刚刚搬进去的时候，都想着要把所有的家具和装饰摆在里面，结果到最后发现这个家摆得像胡同一

人生之道

> 子曰:"中庸之为德也,其至矣乎!民鲜久矣。"
> ——《论语·雍也》

样,反而没有地方放自己了。这就被物质的东西奴役了。

而学做减法,就是把那些不想交的朋友舍掉了,不想做的事情拒绝了,需要付出过多尊严和自由才能挣的钱不要了。当敢于舍弃并且知道如何舍弃的时候,人才真正接近不惑的状态。

那么什么叫作不惑?就是人能够自觉按照中庸的理念去思考、行事。即使外部世界给你许多不公正、打击、缺憾,你也能在一个坐标上迅速建立自己应有的位置。

"中庸",是中国古代一个至高的行为标准,它是哲学上讲的那个最合适的"度"。但现在往往被大家理解为平庸和圆滑,认为中庸之道就是和稀泥。

其实,对于一种行事方法的判断,无所谓什么是正确的方法,只有什么是合适的方法,而合适往往不是走到极端的。"四书"里面有《中庸》这本书,《中庸》说:"喜怒哀乐之未发,谓之中;发而皆中节,谓之和。中也者,天下之大本也;和也者,天下之达道也。"就是说,中庸的理想状态,是一切处于和谐之中,这种和谐就是天地万物各安其位。

著名哲学家冯友兰先生有这样一句话,叫作"阐旧邦以辅新命,极高明而道中庸"。中庸之道其实是通往极高明境界的一种适当的方法。它的特点正如中国古人所说,是"绚烂之极而归于平淡",在你二十岁、三十岁的时候,曾经风发扬厉过;走到不惑的时候,才表现为淡定而从容。而当走到这样一个阶段的时候,人的很多标准都会发生变化。那么,再过十年,等到五十岁的时候,又会发生新的变化。

> 孔子所说的"知天命",是指的什么呢?是人们常说的"命中有时终须有,命中无时莫强求"吗?是一个人到了五十岁,就应该听天由命了吗?

要回答这个问题,首先要明白孔子所说的"知天命"究竟是什么意思。

孔子说:"不怨天,不尤人;下学而上达。知我者其天乎!"(《论语·宪问》)经学大家黄侃先生对这段话的解释是:"下学,学人事;上达,达天命。我既学人事,人事有否有泰,故不尤人;上达天命,天命有穷有通,故我不怨天也。"可见,"知天命"关键在于一个"知"字,要能够了解什么是自己的天命。当自己能够客观认识命运中的穷与通、人世间的好与坏,知道这一切都很自然,那么你就能理性把握,平静应对。

"不怨天,不尤人",是我们今天经常说的话,但这区区六个字容易做到吗?一个人不去抱怨,就意味着他硬生生地把很多可以宣泄出

> 知天命就是内心有一种定力去应对外界。
> ——于丹心语

去的怨气、苛责都压下来自行消化了；不再向他人推卸，就意味着给自己少了很多开脱的理由。这多么难啊！

那么孔子为什么可以做到呢？就是因为在他自己看来，一个人内心的完善，合乎大道的追求，比你要求这个社会应该如何如何，要求别人应该怎样怎样，都要重要得多。

孔子说："君子上达，小人下达。"（《论语·宪问》）小人才会在人际纠纷中不断地蜚短流长，而君子则更看重在自己的内心建立一种对大道的信仰和追求，这个大道就是孔子所说的天命。孔子说："不知命，无以为君子也。不知礼，无以立也。不知言，无以知人也。"（《论语·尧曰》）

知命、知礼、知言，这三个境界在人生中的顺序是倒着的：我们都是最先知言，在与人交谈和读书中了解这个社会，了解他人。但是知言还不够，还不足以在社会上立足，还需要你懂得礼仪，能够充分尊重他人。多一分尊重，就会少一分抱怨。更高的一个层次是知命。知命就达到了孔子所说的君子的境界，他已经建立了一个自循环的系统，他内心会有一种淡定的力量去应对外界。

五十知天命，也就是说到这个时候已经有了一种内心的定力，基本上可以做到不怨天、不尤人，不为外物所动了。

庄子的《逍遥游》中也有类似的一个表述，他说："举世而誉之而不加劝，举世而非之而不加沮。定乎内外之分，辩乎荣辱之境，斯已矣。"

就是说，当满世界的人都在夸赞你的时候，你不会因为这种鼓舞而多往前走一步；而当全社会都在指责你，都在非难你，都在说你做错的时候，你的内心并不泄气，依旧会坚持你认定的想法。这样才叫认清了"内"与"外"，明白了"荣"与"辱"。

所以，所谓成长是内心在历练中的逐渐强大，所谓人生的归位是把外在的东西变成内心的能量。

我们谈论"知天命"这个境界的时候，很自然会联想起金庸武侠小说中写到的独孤求败的境界。

在中国的武侠小说中，一个少年剑侠初出道之时，往往用的是一口天下无双锋利无比的宝剑，那萧萧剑气、舞动的风采真是绚烂之极；等到他武艺精进，真正安身立命，成为一个门派的掌门人，或者在江湖上成为一个有名的剑客的时候，这个人用的武器反而可能是一口不开刃的钝剑。因为锋利现在对他来讲已经不重要了，他的内功开始变得沉浑雄厚；等到这个人已经成为名动江湖的大侠，他的武功已经超越了一个一个的流派划分而出于其上的时候，这个人可能只用一根木棍。就是说，金属那样的一种锋利和那种质地对他来讲已经不重要了，他的手里只要随便拿个东西就够了；而等他真正走到至高的境界，也就是独孤求败的境界，求一败而不可得，这个时候他的手中是没有兵

> 耳顺,就是悲天悯人,就是理解和包容。
> ——于丹心语

器的,十八般武艺已经内化到他的身体里,他双手一出,就能挥出剑气,所有的招式都融会贯通在他的内心里。此时敌人已经不能和他对招,因他已经到了"无招"的境界,因为他的无招,故而对手不能破解。

融会贯通的境界,一直是中国文化所崇尚的最高的境界。孔子所谓的"知天命",其实就是把学习的各种道理,最后达到了一种融会和提升。到了这个境界以后,就该进入孔子所说的"耳顺"的境界了。

> 耳顺,就是不论什么样的话都能听得进去,都能站在发言者的立场去想问题。
>
> 但在现实生活中,我们经常会遇到不顺心的事,听到不好听的话。我们如何才能真正做到耳顺呢?

在对天命有了透彻的了解,自己的内心有了巨大的定力之后,孔子说,"六十而耳顺"。此时,你能做到最大限度地尊重他人,你能理解任何一个事情存在的道理,你能虚心倾听各种声音,并站在别人的出发点上去了解他为什么这样说。

这种境界,用中国文化的一个词来表述,就是"悲天悯人",在真正了解所有人的利益与出发点的前提下,实现理解和包容。

也就是说,当以自己的价值体系去看待其他许多人的生活方式时，我们是有理由惊讶的；但是，如果你知道他带着什么样的生活历程走到今天，也就是你的这个体系能够进入到他的体系，也许就会多一些谅解。毕竟，每一个人的此刻，都是他全部历史的总和。

有一句谚语说得好：两朵云只有在同一高度相遇，才能成雨。

其实耳顺之人是什么呢？就是不管这个云在五千米还是五百米，他总能感知到这个高度。这就是孔夫子面对那么多不同的学生都能够因材施教的道理。

一个人要想做到耳顺，就要使自己无比开阔，可以适应不同的高度；而不是刻舟求剑，守株待兔，以自己恒定的标准坚守在某一个高度。

用这样的观点来解释"中庸"也许更为恰当。中庸其实是学习了所有外在知识之后，经过内心的陶冶与熔铸，达到的一个融会贯通的境界。

这就好像我们小学、中学的时候经常做的一个物理实验：老师给一支铅笔、一个圆，将圆画成七等份，再分别涂上七种颜色，然后戳在笔尖上快速旋转，结果呈现的是白色。这种白就是七种颜色绚烂之极之后融合而成的一种颜色。

孔子"耳顺"的境界，其实就是外在的天地之理在内心的融合。有了这种融合作基础，才能达到孔子所说的"从心所欲，不逾矩"。

> 当所有的规矩大道已经变为你的生命的习惯时,你就能够做到从心所欲,这可以说是每一个生命个体所追求的最高境界。但是这样的一个境界看似平易,在此之前却要经历千锤百炼。

我曾经看到这样一个故事:

在一座佛寺里供着一尊花岗岩雕刻的非常精致的佛像,每天都有很多人来到佛像前膜拜。而通往这尊佛像的台阶也是由跟它一样采自同一座山体的花岗岩砌成的。

终于有一天,这些台阶不服气了,它们对那尊佛像提出抗议说,你看我们本是兄弟,来自于同一个山体,凭什么人们都踩着我们去膜拜你啊?你有什么了不起啊?

那尊佛像淡淡地对它们说,因为你们只经过几刀就走上了今天的这个岗位,而我是经过千刀万剐才得以成佛。

我们看孔子所描述的人生境界,越到后来越强调内心,越到后来越从容和缓,而在这从容之前,其实是要经历千锤百炼的。

孔子所说的这样一个从十五岁到七十岁的人生历程,对于我们来讲,也是不同的人生阶段可以参照的一面镜子。通过它,我们可以比

> 只有建立内心的价值系统，才能把压力变成生命的张力。
> ——于丹心语

照一下自己的心灵是否已经"立"起来了，是否少了一些迷思，是否已经通了天地大道，是否以包容悲悯去体谅他人，是否终于可以做到从心所欲。

同时还要看到，在当今这样一个加速发展的社会里，我们需要更加有效率的生活。

其实人的年龄有生理年龄，有心理年龄，还有社会年龄。如果我们在二十岁、三十岁能够提前感悟到四十岁、五十岁的境界，已经建立了明晰的内心价值系统，已经能够把社会给予的压力变为一种生命反张力，已经可以做到从心所欲那样的一种淡定从容……那么我们说，这样的生命，才是有效率的生命。

英国的科学家公布过一个实验：

他们为了试一试南瓜这样一种普普通通的廉价的植物生命力能有多强，就在很多很多同时生长的小南瓜上加砝码，砝码的重量就是小南瓜所能承受的极限。

这样，不同的南瓜压不同的砝码，只有一个南瓜压得最多。从一天几克到几十克、几百克、几千克，这个南瓜成熟的时候，上面已经压了几百斤的重量。

最后的实验是把这个南瓜和其他南瓜放在一起，大家试着一刀剖下去，看质地有什么不同。

当别的南瓜都随着手起刀落"噗噗"地打开的时候，这个南瓜却把刀弹开了，把斧子也弹开了，最后，这个南瓜是用电锯"吱吱嘎嘎"锯开的。它的果肉的强度已经相当于成年的树干！

这是一个什么实验呢？其实就是一个生命实验，这就是我们现代人所处的外在环境跟我们内在反张力最好的写照。

在当今社会这样的竞争压力下，我们有理由不提前成熟吗？"只争朝夕"这句话用在今天是再合适不过了，一万年太久，七十年也太久。

学习《论语》，学习任何经典，所有古圣先贤的经验最终只有一个真谛，就是使我们的生命在这些智慧光芒的照耀下，提升悟性，缩短历程，使我们尽早建立一个君子仁爱情怀，能够符合社会道义标准，不论是对自己的心还是对于社会岗位，都有一种无愧的交代。

我想圣贤的意义就在于，他以简约的语言点出人生大道，而后世的子孙或蒙昧地，或自觉地，或痛楚地，或欢欣地一一去实践，从而形成一个民族的灵魂。

让那种古典的精神力量在现代的规则下圆润地融合成为一种有效的成分，让我们每一个人真正建立起来有效率有价值的人生，大概这就是《论语》给予我们的终极意义。

《论语》原文

沙鷗翔集錦鱗游泳岸芷汀蘭鬱鬱青青而或長烟一空皓月千里浮光耀金靜影沉璧漁歌互答此樂何極登斯樓也則有心曠神怡寵辱皆忘把酒臨風其喜洋洋者矣

嗟夫予嘗求古仁人之心或異二者之為何哉不以物喜不以己悲居廟堂之高則憂其民處江湖之遠則憂其君是進亦憂退亦憂則何時而樂耶其必曰先天下之憂而憂後天下之樂而樂歟噫微斯人吾誰與歸

范仲淹文 時在丙申秋九 管峻於金陵

慶曆四年春，滕子京謫守巴陵郡。越明年，政通人和，百廢具興，乃重修岳陽樓，增其舊制，刻唐賢今人詩賦於其上，屬予作文以記之。予觀夫巴陵勝狀，在洞庭一湖。銜遠山，吞長江，浩浩湯湯，橫無際涯；朝暉夕陰，氣象萬千。此則岳陽樓之大觀也。前人之述備矣。然則北通巫峽，南極瀟湘，遷客騷人，多會於此，覽物之情，得無異乎？若夫霪雨霏霏，連月不開，陰風怒號，濁浪排空，日星隱耀，山嶽潛行，商旅不行，檣傾楫摧，薄暮冥冥，虎嘯猿啼，登斯樓也，則有去國懷鄉，憂讒畏譏，滿目蕭

目录

学而第一　151

为政第二　153

八佾第三　156

里仁第四　159

公冶长第五　161

雍也第六　165

述而第七　168

泰伯第八　172

子罕第九　175

乡党第十　178

先进第十一　181

颜渊第十二　186

子路第十三　190

宪问第十四　194

卫灵公第十五　200

季氏第十六　204

阳货第十七　207

微子第十八　211

子张第十九　214

尧曰第二十　217

学而第一

1.1 子曰:"学而时习之,不亦说乎?有朋自远方来,不亦乐乎?人不知而不愠,不亦君子乎?"

1.2 有子曰:"其为人也孝弟,而好犯上者,鲜矣;不好犯上,而好作乱者,未之有也。君子务本,本立而道生。孝弟也者,其为仁之本与!"

1.3 子曰:"巧言令色,鲜矣仁。"

1.4 曾子曰:"吾日三省吾身:为人谋而不忠乎?与朋友交而不信乎?传不习乎?"

1.5 子曰:"道千乘之国,敬事而信,节用而爱人,使民以时。"

1.6 子曰:"弟子入则孝,出则弟,谨而信,泛爱众,而亲仁。行有余力,则以学文。"

1.7 子夏曰:"贤贤易色;事父母,能竭其力;事君,能致其身;与朋友交,言而有信;虽曰未学,吾必谓之学矣。"

1.8 子曰:"君子不重则不威;学则不固。主忠信,无友不如己者，过则勿惮改。"

1.9 曾子曰："慎终，追远，民德归厚矣！"

1.10 子禽问于子贡曰："夫子至于是邦也，必闻其政。求之与？抑与之与？"子贡曰："夫子温、良、恭、俭、让以得之。夫子之求之也，其诸异乎人之求之与！"

1.11 子曰："父在，观其志；父没，观其行；三年无改于父之道，可谓孝矣。"

1.12 有子曰："礼之用，和为贵。先王之道，斯为美，小大由之。有所不行，知和而和，不以礼节之，亦不可行也。"

1.13 有子曰："信近于义，言可复也。恭近于礼，远耻辱也。因不失其亲，亦可宗也。"

1.14 子曰："君子食无求饱，居无求安，敏于事而慎于言，就有道而正焉。可谓好学也已。"

1.15 子贡曰："贫而无谄，富而无骄，何如？"子曰："可也。未若贫而乐，富而好礼者也。"

子贡曰："《诗》云：'如切如磋，如琢如磨'，其斯之谓与？"

子曰："赐也，始可与言《诗》已矣，告诸往而知来者。"

1.16 子曰："不患人之不己知，患不知人也。"

为政第二

2.1　子曰:"为政以德,譬如北辰,居其所而众星共之。"

2.2　子曰:"《诗》三百,一言以蔽之,曰:'思无邪。'"

2.3　子曰:"道之以政,齐之以刑,民免而无耻;道之以德,齐之以礼,有耻且格。"

2.4　子曰:"吾十有五而志于学,三十而立,四十而不惑,五十而知天命,六十而耳顺,七十而从心所欲,不逾矩。"

2.5　孟懿子问孝。子曰:"无违。"
　　樊迟御,子告之曰:"孟孙问孝于我,我对曰'无违'。"
　　樊迟曰:"何谓也?"子曰:"生,事之以礼;死,葬之以礼,祭之以礼。"

2.6　孟武伯问孝。子曰:"父母唯其疾之忧。"

2.7　子游问孝。子曰:"今之孝者,是谓能养。至于犬马,皆能有养;不敬,何以别乎?"

2.8　子夏问孝。子曰:"色难。有事,弟子服其劳;有酒食,先生馔。曾是以为孝乎?"

2.9 子曰:"吾与回言,终日不违,如愚。退而省其私,亦足以发,回也不愚。"

2.10 子曰:"视其所以,观其所由,察其所安,人焉廋哉?人焉廋哉?"

2.11 子曰:"温故而知新,可以为师矣。"

2.12 子曰:"君子不器。"

2.13 子贡问君子。子曰:"先行其言而后从之。"

2.14 子曰:"君子周而不比,小人比而不周。"

2.15 子曰:"学而不思则罔,思而不学则殆。"

2.16 子曰:"攻乎异端,斯害也已。"

2.17 子曰:"由,诲女知之乎!知之为知之,不知为不知,是知也。"

2.18 子张学干禄。子曰:"多闻阙疑,慎言其余,则寡尤;多见阙殆,慎行其余,则寡悔。言寡尤,行寡悔,禄在其中矣。"

2.19 哀公问曰:"何为则民服?"孔子对曰:"举直错诸枉,则民服;举枉错诸直,则民不服。"

2.20 季康子问:"使民敬、忠以劝,如之何?"子曰:"临之以庄,则敬;孝慈,则忠;举善而教不能,则劝。"

2.21 或谓孔子曰:"子奚不为政?"子曰:"《书》云:'孝乎惟孝,友于兄弟,施于有政。'是亦为政,奚其为为政?"

2.22 子曰:"人而无信,不知其可也。大车无輗,小车无軏,其何以行之哉?"

2.23 子张问:"十世可知也?"子曰:"殷因于夏礼,所损益,可知也;周因于殷礼,所损益,可知也;其或继周者,虽百世可知也。"

2.24 子曰:"非其鬼而祭之,谄也。见义不为,无勇也。"

八佾第三

3.1　孔子谓季氏："八佾舞于庭,是可忍也,孰不可忍也?"

3.2　三家者以《雍》彻。子曰:"'相维辟公,天子穆穆',奚取于三家之堂?"

3.3　子曰:"人而不仁,如礼何?人而不仁,如乐何?"

3.4　林放问礼之本。子曰:"大哉问!礼,与其奢也,宁俭;丧,与其易也,宁戚。"

3.5　子曰:"夷狄之有君,不如诸夏之亡也。"

3.6　季氏旅于泰山。子谓冉有曰:"女弗能救与?"对曰:"不能!"子曰:"呜呼!曾谓泰山不如林放乎?"

3.7　子曰:"君子无所争。必也射乎!揖让而升,下而饮,其争也君子。"

3.8　子夏问曰:"'巧笑倩兮,美目盼兮,素以为绚兮。'何谓也?"子曰:"绘事后素。"曰:"礼后乎?"子曰:"起予者商也,始可与言《诗》已矣!"

3.9　子曰："夏礼，吾能言之，杞不足征也；殷礼，吾能言之，宋不足征也。文献不足故也。足，则吾能征之矣。"

3.10　子曰："禘，自既灌而往者，吾不欲观之矣。"

3.11　或问禘之说。子曰："不知也。知其说者之于天下也，其如示诸斯乎！"指其掌。

3.12　祭如在，祭神如神在。子曰："吾不与祭，如不祭。"

3.13　王孙贾问曰："'与其媚于奥，宁媚于灶'，何谓也？"子曰："不然，获罪于天，无所祷也。"

3.14　子曰："周监于二代，郁郁乎文哉！吾从周。"

3.15　子入大庙，每事问。或曰："孰谓鄹人之子知礼乎？入大庙，每事问。"子闻之曰："是礼也。"

3.16　子曰："射不主皮，为力不同科，古之道也。"

3.17　子贡欲去告朔之饩羊。子曰："赐也，尔爱其羊，我爱其礼。"

3.18　子曰："事君尽礼，人以为谄也。"

3.19　定公问："君使臣，臣事君，如之何？"孔子对曰："君使臣以礼，臣事君以忠。"

3.20　子曰："《关雎》乐而不淫，哀而不伤。"

3.21　哀公问社于宰我。宰我对曰："夏后氏以松，殷人以柏，周人以栗，曰使民战栗。"子闻之曰："成事不说，遂事不谏，既往不谷。"

3.22　子曰:"管仲之器小哉!"或曰:"管仲俭乎?"曰:"管氏有三归,官事不摄,焉得俭?""然则管仲知礼乎?"曰:"邦君树塞门,管氏亦树塞门;邦君为两君之好,有反坫,管氏亦有反坫。管氏而知礼,孰不知礼?"

3.23　子语鲁大师乐。曰:"乐其可知也:始作,翕如也;从之,纯如也,皦如也,绎如也,以成。"

3.24　仪封人请见,曰:"君子之至于斯也,吾未尝不得见也。"从者见之。出曰:"二三子何患于丧乎?天下之无道也久矣,天将以夫子为木铎。"

3.25　子谓《韶》:"尽美矣,又尽善也。"谓《武》:"尽美矣,未尽善也。"

3.26　子曰:"居上不宽,为礼不敬,临丧不哀,吾何以观之哉?"

里仁第四

4.1　子曰:"里仁为美。择不处仁,焉得知?"

4.2　子曰:"不仁者,不可以久处约,不可以长处乐。仁者安仁,知者利仁。"

4.3　子曰:"唯仁者能好人,能恶人。"

4.4　子曰:"苟志于仁矣,无恶也。"

4.5　子曰:"富与贵,是人之所欲也;不以其道得之,不处也。贫与贱,是人之所恶也;不以其道得之,不去也。君子去仁,恶乎成名?君子无终食之间违仁,造次必于是,颠沛必于是。"

4.6　子曰:"我未见好仁者、恶不仁者。好仁者,无以尚之;恶不仁者,其为仁矣,不使不仁者加乎其身。有能一日用其力于仁矣乎?我未见力不足者。盖有之矣,我未之见也。"

4.7　子曰:"人之过也,各于其党。观过,斯知仁矣。"

4.8　子曰:"朝闻道,夕死可矣。"

4.9　子曰:"士志于道,而耻恶衣恶食者,未足与议也。"

4.10　子曰:"君子之于天下也,无适也,无莫也,义之与比。"

4.11　子曰:"君子怀德,小人怀土;君子怀刑,小人怀惠。"

4.12　子曰:"放于利而行,多怨。"

4.13　子曰:"能以礼让为国乎?何有!不能以礼让为国,如礼何!"

4.14　子曰:"不患无位,患所以立;不患莫己知,求为可知也。"

4.15　子曰:"参乎!吾道一以贯之。"曾子曰:"唯。"子出。门人问曰:"何谓也?"曾子曰:"夫子之道,忠恕而已矣!"

4.16　子曰:"君子喻于义,小人喻于利。"

4.17　子曰:"见贤思齐焉,见不贤而内自省也。"

4.18　子曰:"事父母几谏。见志不从,又敬不违,劳而不怨。"

4.19　子曰:"父母在,不远游,游必有方。"

4.20　子曰:"三年无改于父之道,可谓孝矣。"

4.21　子曰:"父母之年,不可不知也。一则以喜,一则以惧。"

4.22　子曰:"古者言之不出,耻躬之不逮也。"

4.23　子曰:"以约失之者,鲜矣!"

4.24　子曰:"君子欲讷于言,而敏于行。"

4.25　子曰:"德不孤,必有邻。"

4.26　子游曰:"事君数,斯辱矣;朋友数,斯疏矣。"

公冶长第五

5.1 子谓公冶长:"可妻也。虽在缧绁之中,非其罪也。"以其子妻之。

5.2 子谓南容:"邦有道,不废;邦无道,免于刑戮。"以其兄之子妻之。

5.3 子谓子贱:"君子哉若人!鲁无君子者,斯焉取斯?"

5.4 子贡问曰:"赐也何如?"子曰:"女,器也。"曰:"何器也?"曰:"瑚琏也。"

5.5 或曰:"雍也仁而不佞。"子曰:"焉用佞?御人以口给,屡憎于人。不知其仁,焉用佞?"

5.6 子使漆雕开仕。对曰:"吾斯之未能信。"子说。

5.7 子曰:"道不行,乘桴浮于海。从我者,其由与?"子路闻之喜。子曰:"由也,好勇过我,无所取材。"

5.8 孟武伯问子路仁乎?子曰:"不知也。"又问。子曰:"由也,千乘之国,可使治其赋也。不知其仁也。""求也何如?"子曰:"求也,千室之邑,百乘之家,可使为之宰也。不知其仁也。""赤也何如?"子曰:"赤也,束带立于朝,可使与宾客言也。不知其仁也。"

5.9 子谓子贡曰:"女与回也孰愈?"对曰:"赐也何敢望回?回也闻一以知十,赐也闻一以知二。"子曰:"弗如也!吾与女弗如也。"

5.10 宰予昼寝。子曰:"朽木不可雕也,粪土之墙不可杇也,于予与何诛?"子曰:"始吾于人也,听其言而信其行;今吾于人也,听其言而观其行。于予与改是。"

5.11 子曰:"吾未见刚者!"或对曰:"申枨。"子曰:"枨也欲,焉得刚?"

5.12 子贡曰:"我不欲人之加诸我也,吾亦欲无加诸人。"子曰:"赐也,非尔所及也。"

5.13 子贡曰:"夫子之文章,可得而闻也;夫子之言性与天道,不可得而闻也。"

5.14 子路有闻,未之能行,唯恐有闻。

5.15 子贡问曰:"孔文子何以谓之'文'也?"子曰:"敏而好学,不耻下问,是以谓之'文'也。"

5.16 子谓子产:"有君子之道四焉;其行己也恭,其事上也敬,其

养民也惠，其使民也义。"

5.17 子曰："晏平仲善与人交，久而敬之。"

5.18 子曰："臧文仲居蔡，山节藻棁，何如其知也？"

5.19 子张问曰："令尹子文三仕为令尹，无喜色；三已之，无愠色。旧令尹之政，必以告新令尹。何如？"子曰："忠矣。"曰："仁矣乎？"曰："未知，焉得仁？""崔子弑齐君，陈文子有马十乘，弃而违之。至于他邦，则曰：'犹吾大夫崔子也。'违之。之一邦，则又曰：'犹吾大夫崔子也。'违之。何如？"子曰："清矣。"曰："仁矣乎？"曰："未知。焉得仁？"

5.20 季文子三思而后行。子闻之，曰："再，斯可矣。"

5.21 子曰："宁武子，邦有道，则知；邦无道，则愚。其知可及也，其愚不可及也。"

5.22 子在陈，曰："归与！归与！吾党之小子狂简，斐然成章，不知所以裁之！"

5.23 子曰："伯夷、叔齐不念旧恶，怨是用希。"

5.24 子曰："孰谓微生高直？或乞醯焉，乞诸其邻而与之。"

5.25 子曰："巧言、令色、足恭，左丘明耻之，丘亦耻之。匿怨而友其人，左丘明耻之，丘亦耻之。"

5.26 颜渊、季路侍。子曰："盍各言尔志？"子路曰："愿车马衣裘，与朋友共，敝之而无憾。"颜渊曰："愿无伐善，无施劳。"子路曰："愿闻子之志！"子曰："老者安之，朋友信之，少者怀之。"

5.27　子曰："已矣乎！吾未见能见其过而内自讼者也。"

5.28　子曰："十室之邑，必有忠信如丘者焉，不如丘之好学也。"

雍也第六

6.1 子曰:"雍也可使南面。"

6.2 仲弓问子桑伯子。子曰:"可也,简。"
仲弓曰:"居敬而行简,以临其民,不亦可乎?居简而行简,无乃大简乎?"子曰:"雍之言然。"

6.3 哀公问:"弟子孰为好学?"孔子对曰:"有颜回者好学,不迁怒,不贰过。不幸短命死矣,今也则亡,未闻好学者也。"

6.4 子华使于齐,冉子为其母请粟。子曰:"与之釜。"
请益。曰:"与之庾。"冉子与之粟五秉。子曰:"赤之适齐也,乘肥马,衣轻裘。吾闻之也,君子周急不继富。"

6.5 原思为之宰,与之粟九百,辞。子曰:"毋!以与尔邻里乡党乎!"

6.6 子谓仲弓曰:"犁牛之子骍且角,虽欲勿用,山川其舍诸?"

6.7 子曰:"回也,其心三月不违仁;其余则日月至焉而已矣。"

6.8 季康子问:"仲由可使从政也与?"子曰:"由也果,于从政乎何有？"

　　　曰："赐也可使从政也与？"曰："赐也达，于从政乎何有？"

　　　曰："求也可使从政也与？"曰："求也艺，于从政乎何有？"

6.9　季氏使闵子骞为费宰。闵子骞曰："善为我辞焉。如有复我者，则吾必在汶上矣。"

6.10　伯牛有疾，子问之，自牖执其手，曰："亡之，命矣夫！斯人也而有斯疾也！斯人也而有斯疾也！"

6.11　子曰："贤哉，回也！一箪食，一瓢饮，在陋巷。人不堪其忧，回也不改其乐。贤哉，回也！"

6.12　冉求曰："非不说子之道，力不足也。"子曰："力不足者，中道而废。今女画。"

6.13　子谓子夏曰："女为君子儒，无为小人儒。"

6.14　子游为武城宰。子曰："女得人焉尔乎？"曰："有澹台灭明者，行不由径。非公事，未尝至于偃之室也。"

6.15　子曰："孟之反不伐，奔而殿。将入门，策其马，曰：'非敢后也，马不进也。'"

6.16　子曰："不有祝鮀之佞，而有宋朝之美，难乎免于今之世矣！"

6.17　子曰："谁能出不由户？何莫由斯道也？"

6.18　子曰："质胜文则野，文胜质则史。文质彬彬，然后君子。"

6.19　子曰："人之生也直，罔之生也幸而免。"

6.20　子曰："知之者不如好之者，好之者不如乐之者。"

6.21　子曰："中人以上，可以语上也；中人以下，不可以语上也。"

6.22　樊迟问知。子曰："务民之义，敬鬼神而远之，可谓知矣。"问仁。曰："仁者先难而后获，可谓仁矣。"

6.23　子曰："知者乐水，仁者乐山；知者动，仁者静；知者乐，仁者寿。"

6.24　子曰："齐一变，至于鲁；鲁一变，至于道。"

6.25　子曰："觚不觚，觚哉！觚哉！"

6.26　宰我问曰："仁者，虽告之曰：'井有仁焉。'其从之也？"子曰："何为其然也？君子可逝也，不可陷也；可欺也，不可罔也。"

6.27　子曰："君子博学于文，约之以礼，亦可以弗畔矣夫。"

6.28　子见南子，子路不说。夫子矢之曰："予所否者，天厌之！天厌之！"

6.29　子曰："中庸之为德也，其至矣乎！民鲜久矣。"

6.30　子贡曰："如有博施于民而能济众，何如？可谓仁乎？"子曰："何事于仁，必也圣乎！尧、舜其犹病诸！夫仁者，己欲立而立人，己欲达而达人。能近取譬，可谓仁之方也已。"

述而第七

7.1 子曰:"述而不作,信而好古,窃比于我老彭。"

7.2 子曰:"默而识之,学而不厌,诲人不倦,何有于我哉?"

7.3 子曰:"德之不修,学之不讲,闻义不能徙,不善不能改,是吾忧也。"

7.4 子之燕居,申申如也,夭夭如也。

7.5 子曰:"甚矣吾衰也!久矣吾不复梦见周公。"

7.6 子曰:"志于道,据于德,依于仁,游于艺。"

7.7 子曰:"自行束脩以上,吾未尝无诲焉!"

7.8 子曰:"不愤不启,不悱不发;举一隅不以三隅反,则不复也。"

7.9 子食于有丧者之侧,未尝饱也。

7.10 子于是日哭,则不歌。

7.11 子谓颜渊曰:"用之则行,舍之则藏,惟我与尔有是夫!"

子路曰:"子行三军,则谁与?"

子曰:"暴虎冯河,死而无悔者,吾不与也。必也临事而惧,好谋而成者也。"

7.12 子曰:"富而可求也,虽执鞭之士,吾亦为之。如不可求,从吾所好。"

7.13 子之所慎:齐、战、疾。

7.14 子在齐闻《韶》,三月不知肉味。曰:"不图为乐之至于斯也!"

7.15 冉有曰:"夫子为卫君乎?"子贡曰:"诺。吾将问之。"
入,曰:"伯夷、叔齐何人也?"曰:"古之贤人也。"曰:"怨乎?"曰:"求仁而得仁,又何怨!"
出,曰:"夫子不为也。"

7.16 子曰:"饭疏食,饮水,曲肱而枕之,乐亦在其中矣!不义而富且贵,于我如浮云。"

7.17 子曰:"加我数年,五十以学《易》,可以无大过矣。"

7.18 子所雅言,《诗》、《书》、执礼,皆雅言也。

7.19 叶公问孔子于子路,子路不对。子曰:"女奚不曰,其为人也,发愤忘食,乐以忘忧,不知老之将至云尔。"

7.20 子曰:"我非生而知之者,好古,敏以求之者也。"

7.21 子不语怪、力、乱、神。

7.22 子曰:"三人行,必有我师焉。择其善者而从之,其不善者而改之。"

7.23 子曰:"天生德于予,桓魋其如予何?"

7.24 子曰:"二三子以我为隐乎?吾无隐乎尔。吾无行而不与二三子者,是丘也。"

7.25 子以四教:文、行、忠、信。

7.26 子曰:"圣人,吾不得而见之矣;得见君子者,斯可矣。"

子曰:"善人,吾不得而见之矣;得见有恒者,斯可矣。亡而为有,虚而为盈,约而为泰,难乎有恒矣。"

7.27 子钓而不纲,弋不射宿。

7.28 子曰:"盖有不知而作之者,我无是也。多闻,择其善者而从之;多见而识之;知之次也。"

7.29 互乡难与言,童子见,门人惑。子曰:"与其进也,不与其退也,唯何甚!人洁己以进,与其洁也,不保其往也。"

7.30 子曰:"仁远乎哉?我欲仁,斯仁至矣。"

7.31 陈司败问:"昭公知礼乎?"孔子曰:"知礼。"

孔子退,揖巫马期而进之,曰:"吾闻君子不党,君子亦党乎?君取于吴,为同姓,谓之吴孟子。君而知礼,孰不知礼?"

巫马期以告。子曰:"丘也幸,苟有过,人必知之。"

7.32 子与人歌而善,必使反之,而后和之。

7.33 子曰:"文,莫吾犹人也。躬行君子,则吾未之有得。"

7.34 子曰:"若圣与仁,则吾岂敢!抑为之不厌,诲人不倦,则可谓云尔已矣!"公西华曰:"正唯弟子不能学也!"

7.35 子疾病,子路请祷。子曰:"有诸?"子路对曰:"有之。《诔》曰:'祷尔于上下神祇。'"子曰:"丘之祷久矣。"

7.36 子曰:"奢则不孙,俭则固。与其不孙也,宁固。"

7.37 子曰:"君子坦荡荡,小人长戚戚。"

7.38 子温而厉,威而不猛,恭而安。

泰伯第八

8.1 子曰:"泰伯,其可谓至德也已矣!三以天下让,民无得而称焉。"

8.2 子曰:"恭而无礼则劳,慎而无礼则葸,勇而无礼则乱,直而无礼则绞。君子笃于亲,则民兴于仁;故旧不遗,则民不偷。"

8.3 曾子有疾,召门弟子曰:"启予足!启予手!《诗》云:'战战兢兢,如临深渊,如履薄冰。'而今而后,吾知免夫!小子!"

8.4 曾子有疾,孟敬子问之。曾子言曰:"鸟之将死,其鸣也哀;人之将死,其言也善。君子所贵乎道者三:动容貌,斯远暴慢矣;正颜色,斯近信矣;出辞气,斯远鄙倍矣。笾豆之事,则有司存。"

8.5 曾子曰:"以能问于不能,以多问于寡;有若无,实若虚,犯而不校,昔者吾友尝从事于斯矣。"

8.6　曾子曰："可以托六尺之孤，可以寄百里之命，临大节而不可夺也，君子人与？君子人也。"

8.7　曾子曰："士不可以不弘毅，任重而道远。仁以为己任，不亦重乎？死而后已，不亦远乎？"

8.8　子曰："兴于《诗》，立于礼，成于乐。"

8.9　子曰："民可使由之，不可使知之。"

8.10　子曰："好勇疾贫，乱也。人而不仁，疾之已甚，乱也。"

8.11　子曰："如有周公之才之美，使骄且吝，其余不足观也已。"

8.12　子曰："三年学，不至于谷，不易得也。"

8.13　子曰："笃信好学，守死善道。危邦不入，乱邦不居。天下有道则见，无道则隐。邦有道，贫且贱焉，耻也；邦无道，富且贵焉，耻也。"

8.14　子曰："不在其位，不谋其政。"

8.15　子曰："师挚之始，《关雎》之乱，洋洋乎盈耳哉！"

8.16　子曰："狂而不直，侗而不愿，悾悾而不信，吾不知之矣。"

8.17　子曰："学如不及，犹恐失之。"

8.18　子曰："巍巍乎！舜、禹之有天下也，而不与焉。"

8.19　子曰："大哉！尧之为君也！巍巍乎！唯天为大，唯尧则之。荡荡乎！民无能名焉。巍巍乎！其有成功也。焕乎！其有文章。"

8.20 舜有臣五人而天下治。武王曰："予有乱臣十人。"孔子曰："才难，不其然乎？唐、虞之际，于斯为盛。有妇人焉，九人而已。三分天下有其二，以服事殷。周之德，其可谓至德也已矣。"

8.21 子曰："禹，吾无间然矣。菲饮食，而致孝乎鬼神；恶衣服，而致美乎黻冕；卑宫室，而尽力乎沟洫。禹，吾无间然矣！"

子罕第九

9.1 子罕言利与命与仁。

9.2 达巷党人曰:"大哉孔子!博学而无所成名。"子闻之,谓门弟子曰:"吾何执?执御乎?执射乎?吾执御矣。"

9.3 子曰:"麻冕,礼也;今也纯,俭,吾从众。拜下,礼也;今拜乎上,泰也。虽违众,吾从下。"

9.4 子绝四:毋意,毋必,毋固,毋我。

9.5 子畏于匡。曰:"文王既没,文不在兹乎?天之将丧斯文也,后死者不得与于斯文也;天之未丧斯文也,匡人其如予何?"

9.6 太宰问于子贡曰:"夫子圣者与?何其多能也?"子贡曰:"固天纵之将圣,又多能也。"

子闻之,曰:"太宰知我乎!吾少也贱,故多能鄙事。君子多乎哉?不多也。"

9.7 牢曰:"子云:'吾不试,故艺。'"

9.8 子曰:"吾有知乎哉?无知也。有鄙夫问于我,空空如也;我叩其两端而竭焉。"

9.9 　子曰："凤鸟不至，河不出图，吾已矣夫！"

9.10　子见齐衰者、冕衣裳者与瞽者，见之，虽少，必作；过之，必趋。

9.11　颜渊喟然叹曰："仰之弥高，钻之弥坚，瞻之在前，忽焉在后。夫子循循然善诱人，博我以文，约我以礼，欲罢不能。既竭吾才，如有所立卓尔。虽欲从之，末由也已！"

9.12　子疾病，子路使门人为臣。病间，曰："久矣哉，由之行诈也！无臣而为有臣，吾谁欺？欺天乎？且予与其死于臣之手也，无宁死于二三子之手乎！且予纵不得大葬，予死于道路乎？"

9.13　子贡曰："有美玉于斯，韫椟而藏诸，求善贾而沽诸？"子曰："沽之哉！沽之哉！我待贾者也！"

9.14　子欲居九夷。或曰："陋，如之何？"子曰："君子居之，何陋之有？"

9.15　子曰："吾自卫反鲁，然后乐正，《雅》《颂》各得其所。"

9.16　子曰："出则事公卿，入则事父兄，丧事不敢不勉，不为酒困，何有于我哉！"

9.17　子在川上，曰："逝者如斯夫！不舍昼夜。"

9.18　子曰："吾未见好德如好色者也。"

9.19　子曰:"譬如为山,未成一篑,止,吾止也!譬如平地,虽覆一篑,进,吾往也!"

9.20　子曰:"语之而不惰者,其回也与!"

9.21　子谓颜渊,曰:"惜乎!吾见其进也,未见其止也!"

9.22　子曰:"苗而不秀者有矣夫!秀而不实者有矣夫!"

9.23　子曰:"后生可畏,焉知来者之不如今也?四十、五十而无闻焉,斯亦不足畏也已!"

9.24　子曰:"法语之言,能无从乎?改之为贵。巽与之言,能无说乎?绎之为贵。说而不绎,从而不改,吾末如之何也已矣!"

9.25　子曰:"主忠信,毋友不如己者,过则勿惮改。"

9.26　子曰:"三军可夺帅也,匹夫不可夺志也。"

9.27　子曰:"衣敝缊袍,与衣狐貉者立,而不耻者,其由也与!'不忮不求,何用不臧?'"子路终身诵之。子曰:"是道也,何足以臧?"

9.28　子曰:"岁寒,然后知松柏之后凋也。"

9.29　子曰:"知者不惑,仁者不忧,勇者不惧。"

9.30　子曰:"可与共学,未可与适道;可与适道,未可与立;可与立,未可与权。"

9.31　"唐棣之华,偏其反而。岂不尔思?室是远而。"
　　　子曰:"未之思也。夫何远之有?"

乡党第十

10.1 孔子于乡党，恂恂如也，似不能言者。其在宗庙、朝廷，便便言，唯谨尔。

10.2 朝，与下大夫言，侃侃如也；与上大夫言，訚訚如也。君在，踧踖如也，与与如也。

10.3 君召使摈，色勃如也，足躩如也。揖所与立，左右手。衣前后，襜如也。趋进，翼如也。

宾退，必复命曰："宾不顾矣。"

10.4 入公门，鞠躬如也，如不容。立不中门，行不履阈。过位，色勃如也，足躩如也，其言似不足者。摄齐升堂，鞠躬如也，屏气似不息者。出，降一等，逞颜色，怡怡如也。没阶，趋进，翼如也。复其位，踧踖如也。

10.5 执圭，鞠躬如也，如不胜。上如揖，下如授。勃如战色，足蹜蹜如有循。享礼，有容色。私觌，愉愉如也。

10.6 君子不以绀緅饰。红紫不以为亵服。当暑，袗絺绤必表而出之。缁衣羔裘，素衣麑裘，黄衣狐裘。亵裘长，短右袂。必有寝衣，长一身有半。狐貉之厚以居。去丧，无所不佩。非帷裳，必杀之。羔裘玄冠不以吊。吉月，必朝服而朝。

10.7 齐，必有明衣，布。齐必变食，居必迁坐。

10.8 食不厌精，脍不厌细。食饐而餲，鱼馁而肉败，不食。色恶，不食。臭恶，不食。失饪，不食。不时，不食。割不正，不食。不得其酱，不食。肉虽多，不使胜食气。唯酒无量，不及乱。沽酒市脯，不食。不撤姜食，不多食。

10.9 祭于公，不宿肉。祭肉不出三日。出三日，不食之矣。

10.10 食不语，寝不言。

10.11 虽疏食菜羹，必祭，必齐如也。

10.12 席不正，不坐。

10.13 乡人饮酒，杖者出，斯出矣。

10.14 乡人傩，朝服而立于阼阶。

10.15 问人于他邦，再拜而送之。

10.16 康子馈药，拜而受之。曰："丘未达，不敢尝。"

10.17 厩焚。子退朝，曰："伤人乎？"不问马。

10.18 君赐食，必正席先尝之；君赐腥，必熟而荐之；君赐生，必畜之。侍食于君，君祭，先饭。

10.19　疾，君视之，东首，加朝服，拖绅。

10.20　君命召，不俟驾行矣。

10.21　入太庙，每事问。

10.22　朋友死，无所归。曰："于我殡。"

10.23　朋友之馈，虽车马，非祭肉，不拜。

10.24　寝不尸，居不客。

10.25　见齐衰者，虽狎，必变。见冕者与瞽者，虽亵，必以貌。凶服者式之，式负版者。有盛馔，必变色而作。迅雷风烈，必变。

10.26　升车，必正立，执绥。车中不内顾，不疾言，不亲指。

10.27　色斯举矣，翔而后集。曰："山梁雌雉，时哉时哉！"子路共之，三嗅而作。

先进第十一

11.1 子曰:"先进于礼乐,野人也;后进于礼乐,君子也。如用之,则吾从先进。"

11.2 子曰:"从我于陈、蔡者,皆不及门也。"

11.3 德行:颜渊,闵子骞,冉伯牛,仲弓;言语:宰我,子贡;政事:冉有,季路;文学:子游,子夏。

11.4 子曰:"回也非助我者也!于吾言无所不说。"

11.5 子曰:"孝哉闵子骞!人不间于其父母昆弟之言。"

11.6 南容三复白圭,孔子以其兄之子妻之。

11.7 季康子问:"弟子孰为好学?"孔子对曰:"有颜回者好学,不幸短命死矣!今也则亡。"

11.8 颜渊死,颜路请子之车以为之椁。子曰:"才不才,亦各言其子也。鲤也死,有棺而无椁。吾不徒行以为之椁,以吾从大夫之后,不可徒行也。"

11.9 颜渊死。子曰:"噫!天丧予!天丧予!"

11.10 颜渊死,子哭之恸。从者曰:"子恸矣。"曰:"有恸乎?非夫人之为恸而谁为?"

11.11 颜渊死,门人欲厚葬之,子曰:"不可。"
门人厚葬之。子曰:"回也,视予犹父也,予不得视犹子也。非我也,夫二三子也。"

11.12 季路问事鬼神。子曰:"未能事人,焉能事鬼?"
曰:"敢问死。"曰:"未知生,焉知死?"

11.13 闵子侍侧,誾誾如也;子路,行行如也;冉有、子贡,侃侃如也。子乐。"若由也,不得其死然。"

11.14 鲁人为长府。闵子骞曰:"仍旧贯,如之何?何必改作?"子曰:"夫人不言,言必有中。"

11.15 子曰:"由之瑟,奚为于丘之门?"门人不敬子路。
子曰:"由也升堂矣,未入于室也。"

11.16 子贡问:"师与商也孰贤?"子曰:"师也过,商也不及。"
曰:"然则师愈与?"子曰:"过犹不及。"

11.17 季氏富于周公,而求也为之聚敛而附益之。子曰:"非吾徒也。小子鸣鼓而攻之,可也!"

11.18 柴也愚,参也鲁,师也辟,由也喭。

11.19 子曰:"回也其庶乎!屡空。赐不受命,而货殖焉,亿则屡中。"

11.20　子张问善人之道。子曰:"不践迹,亦不入于室。"

11.21　子曰:"论笃是与,君子者乎?色庄者乎?"

11.22　子路问:"闻斯行诸?"子曰:"有父兄在,如之何其闻斯行之?"冉有问:"闻斯行诸?"子曰:"闻斯行之!"

公西华曰:"由也问:'闻斯行诸?'子曰:'有父兄在。'求也问:'闻斯行诸?'子曰:'闻斯行之!'赤也惑,敢问。"子曰:"求也退,故进之;由也兼人,故退之。"

11.23　子畏于匡,颜渊后。子曰:"吾以女为死矣。"曰:"子在,回何敢死?"

11.24　季子然问:"仲由、冉求可谓大臣与?"子曰:"吾以子为异之问,曾由与求之问。所谓大臣者,以道事君,不可则止。今由与求也,可谓具臣矣。"

曰:"然则从之者与?"子曰:"弑父与君,亦不从也。"

11.25　子路使子羔为费宰。子曰:"贼夫人之子。"

子路曰:"有民人焉,有社稷焉。何必读书,然后为学?"

子曰:"是故恶夫佞者。"

11.26　子路、曾皙、冉有、公西华侍坐。

子曰:"以吾一日长乎尔,毋吾以也。居则曰:'不吾知也!'如或知尔,则何以哉?"

子路率尔而对曰:"千乘之国,摄乎大国之间,加之以师旅,因之以饥馑,由也为之,比及三年,可使有勇,且知方也。"

夫子哂之。

"求!尔何如?"

对曰:"方六七十,如五六十,求也为之,比及三年,可使足民。如其礼乐,以俟君子。"

"赤!尔何如?"

对曰:"非曰能之,愿学焉。宗庙之事,如会同,端章甫,愿为小相焉。"

"点!尔何如?"

鼓瑟希,铿尔,舍瑟而作。对曰:"异乎三子者之撰。"

子曰:"何伤乎?亦各言其志也。"

曰:"莫春者,春服既成,冠者五六人,童子六七人,浴乎沂,风乎舞雩,咏而归。"

夫子喟然叹曰:"吾与点也!"

三子者出,曾皙后。曾皙曰:"夫三子者之言何如?"

子曰:"亦各言其志也已矣。"

曰:"夫子何哂由也?"

曰:"为国以礼,其言不让,是故哂之。"

“唯求则非邦也与?”

“安见方六七十,如五六十,而非邦也者?”

“唯赤则非邦也与?”

“宗庙会同,非诸侯而何?赤也为之小,孰能为之大?”

颜渊第十二

12.1 颜渊问仁。子曰:"克己复礼为仁。一日克己复礼,天下归仁焉。为仁由己,而由人乎哉?"

颜渊曰:"请问其目。"子曰:"非礼勿视,非礼勿听,非礼勿言,非礼勿动。"

颜渊曰:"回虽不敏,请事斯语矣。"

12.2 仲弓问仁。子曰:"出门如见大宾,使民如承大祭。己所不欲,勿施于人。在邦无怨,在家无怨。"

仲弓曰:"雍虽不敏,请事斯语矣。"

12.3 司马牛问仁。子曰:"仁者,其言也讱。"

曰:"其言也讱,斯谓之仁已乎?"子曰:"为之难,言之得无讱乎?"

12.4 司马牛问君子。子曰:"君子不忧不惧。"

曰:"不忧不惧,斯谓之君子已乎?"子曰:"内省不疚,夫何忧何惧?"

12.5　司马牛忧曰:"人皆有兄弟,我独亡!"子夏曰:"商闻之矣:死生有命,富贵在天。君子敬而无失,与人恭而有礼,四海之内,皆兄弟也。君子何患乎无兄弟也?"

12.6　子张问明。子曰:"浸润之谮,肤受之愬,不行焉,可谓明也已矣。浸润之谮,肤受之愬,不行焉,可谓远也已矣。"

12.7　子贡问政。子曰:"足食,足兵,民信之矣。"

子贡曰:"必不得已而去,于斯三者何先?"曰:"去兵。"

子贡曰:"必不得已而去,于斯二者何先?"曰:"去食。自古皆有死,民无信不立。"

12.8　棘子成曰:"君子质而已矣,何以文为?"子贡曰:"惜乎!夫子之说君子也。驷不及舌。文犹质也,质犹文也。虎豹之鞟犹犬羊之鞟。"

12.9　哀公问于有若曰:"年饥,用不足,如之何?"有若对曰:"盍彻乎?"

曰:"二,吾犹不足,如之何其彻也?"对曰:"百姓足,君孰与不足?百姓不足,君孰与足?"

12.10　子张问崇德、辨惑。子曰:"主忠信,徙义,崇德也。爱之欲其生,恶之欲其死;既欲其生,又欲其死,是惑也。'诚不以富,亦只以异'。"

12.11 齐景公问政于孔子，孔子对曰："君君，臣臣，父父，子子。"公曰："善哉！信如君不君，臣不臣，父不父，子不子，虽有粟，吾得而食诸？"

12.12 子曰："片言可以折狱者，其由也与！"子路无宿诺。

12.13 子曰："听讼，吾犹人也。必也使无讼乎！"

12.14 子张问政。子曰："居之无倦，行之以忠。"

12.15 子曰："博学于文，约之以礼，亦可以弗畔矣夫！"

12.16 子曰："君子成人之美，不成人之恶；小人反是。"

12.17 季康子问政于孔子。孔子对曰："政者，正也。子帅以正，孰敢不正？"

12.18 季康子患盗，问于孔子。孔子对曰："苟子之不欲，虽赏之不窃。"

12.19 季康子问政于孔子曰："如杀无道，以就有道，何如？"孔子对曰："子为政，焉用杀？子欲善而民善矣！君子之德，风；小人之德，草；草上之风，必偃。"

12.20 子张问："士何如斯可谓之达矣？"子曰："何哉，尔所谓达者？"子张对曰："在邦必闻，在家必闻。"子曰："是闻也，非达也。夫达也者，质直而好义，察言而观色，虑以下人。在邦必达，在家必达。夫闻也者，色取仁而行违，居之不疑。在

邦必闻,在家必闻。"

12.21 樊迟从游于舞雩之下,曰:"敢问崇德,修慝,辨惑。"子曰:"善哉问!先事后得,非崇德与?攻其恶,无攻人之恶,非修慝与?一朝之忿,忘其身以及其亲,非惑与?"

12.22 樊迟问仁。子曰:"爱人。"问知。子曰:"知人。"

樊迟未达。子曰:"举直错诸枉,能使枉者直。"

樊迟退,见子夏,曰:"乡也吾见于夫子而问知,子曰:'举直错诸枉,能使枉者直。'何谓也?"

子夏曰:"富哉言乎!舜有天下,选于众,举皋陶,不仁者远矣。汤有天下,选于众,举伊尹,不仁者远矣。"

12.23 子贡问友。子曰:"忠告而善道之,不可则止,毋自辱焉。"

12.24 曾子曰:"君子以文会友,以友辅仁。"

子路第十三

13.1　子路问政。子曰:"先之,劳之。"请益,曰:"无倦。"

13.2　仲弓为季氏宰,问政。子曰:"先有司,赦小过,举贤才。"
　　　曰:"焉知贤才而举之?"子曰:"举尔所知。尔所不知,人其舍诸?"

13.3　子路曰:"卫君待子而为政,子将奚先?"
　　　子曰:"必也正名乎!"
　　　子路曰:"有是哉,子之迂也!奚其正?"
　　　子曰:"野哉,由也!君子于其所不知,盖阙如也。名不正,则言不顺;言不顺,则事不成;事不成,则礼乐不兴;礼乐不兴,则刑罚不中;刑罚不中,则民无所措手足。故君子名之必可言也,言之必可行也。君子于其言,无所苟而已矣!"

13.4　樊迟请学稼。子曰:"吾不如老农。"请学为圃。曰:"吾不如老圃。"
　　　樊迟出。子曰:"小人哉,樊须也!上好礼,则民莫敢不敬;

上好义，则民莫敢不服；上好信，则民莫敢不用情。夫如是，则四方之民襁负其子而至矣，焉用稼？"

13.5 子曰："诵《诗》三百，授之以政，不达；使于四方，不能专对；虽多，亦奚以为？"

13.6 子曰："其身正，不令而行；其身不正，虽令不从。"

13.7 子曰："鲁、卫之政，兄弟也。"

13.8 子谓卫公子荆："善居室。始有，曰：'苟合矣！'少有，曰：'苟完矣。'富有，曰：'苟美矣。'"

13.9 子适卫，冉有仆。子曰："庶矣哉！"

冉有曰："既庶矣，又何加焉？"曰："富之。"

曰："既富矣，又何加焉？"曰："教之。"

13.10 子曰："苟有用我者，期月而已可也，三年有成。"

13.11 子曰："'善人为邦百年，亦可以胜残去杀矣。'诚哉是言也！"

13.12 子曰："如有王者，必世而后仁。"

13.13 子曰："苟正其身矣，于从政乎何有？不能正其身，如正人何！"

13.14 冉子退朝。子曰："何晏也？"对曰："有政。"子曰："其事也。如有政，虽不吾以，吾其与闻之。"

13.15 定公问："一言而可以兴邦，有诸？"

孔子对曰："言不可以若是其几也。人之言曰：'为君难，为臣不易。'如知为君之难也，不几乎一言而兴邦乎！"

曰："一言而丧邦，有诸？"

孔子对曰："言不可以若是其几也。人之言曰：'予无乐乎为君，唯其言而莫予违也。'如其善而莫之违也，不亦善乎！如不善而莫之违也，不几乎一言而丧邦乎！"

13.16 叶公问政。子曰："近者说，远者来。"

13.17 子夏为莒父宰，问政。子曰："无欲速，无见小利。欲速则不达，见小利则大事不成。"

13.18 叶公语孔子曰："吾党有直躬者，其父攘羊，而子证之。"孔子曰："吾党之直者异于是。父为子隐，子为父隐，直在其中矣。"

13.19 樊迟问仁。子曰："居处恭，执事敬，与人忠；虽之夷狄，不可弃也。"

13.20 子贡问曰："何如斯可谓之士矣？"子曰："行己有耻，使于四方，不辱君命，可谓士矣。"

曰："敢问其次。"曰："宗族称孝焉，乡党称弟焉。"

曰："敢问其次。"曰："言必信，行必果，硁硁然小人哉！抑亦可以为次矣。"

曰："今之从政者何如？"子曰："噫！斗筲之人，何足算也！"

13.21 子曰："不得中行而与之，必也狂狷乎！狂者进取，狷者有所

不为也。"

13.22 子曰:"南人有言曰:'人而无恒,不可以作巫医。'善夫!"
"不恒其德,或承之羞。"子曰:"不占而已矣。"

13.23 子曰:"君子和而不同,小人同而不和。"

13.24 子贡问曰:"乡人皆好之,何如?"子曰:"未可也。"
"乡人皆恶之,何如?"子曰:"未可也。不如乡人之善者好之,其不善者恶之。"

13.25 子曰:"君子易事而难说也。说之不以道,不说也;及其使人也,器之。小人难事而易说也。说之虽不以道,说也;及其使人也,求备焉。"

13.26 子曰:"君子泰而不骄,小人骄而不泰。"

13.27 子曰:"刚、毅、木、讷,近仁。"

13.28 子路问曰:"何如斯可谓之士矣?"子曰:"切切偲偲,怡怡如也,可谓士矣。朋友切切偲偲,兄弟怡怡。"

13.29 子曰:"善人教民七年,亦可以即戎矣。"

13.30 子曰:"以不教民战,是谓弃之。"

宪问第十四

14.1 宪问耻。子曰:"邦有道,谷;邦无道,谷,耻也。"

"克、伐、怨、欲不行焉,可以为仁矣?"子曰:"可以为难矣,仁则吾不知也。"

14.2 子曰:"士而怀居,不足以为士矣。"

14.3 子曰:"邦有道,危言危行;邦无道,危行言孙。"

14.4 子曰:"有德者必有言,有言者不必有德;仁者必有勇,勇者不必有仁。"

14.5 南宫适问于孔子曰:"羿善射,奡荡舟,俱不得其死然。禹、稷躬稼,而有天下。"夫子不答。

南宫适出。子曰:"君子哉若人!尚德哉若人!"

14.6 子曰:"君子而不仁者有矣夫,未有小人而仁者也。"

14.7 子曰:"爱之,能勿劳乎?忠焉,能勿诲乎?"

14.8 子曰:"为命,裨谌草创之,世叔讨论之,行人子羽修饰之,东里子产润色之。"

14.9　或问子产。子曰:"惠人也。"

问子西。曰:"彼哉!彼哉!"

问管仲。曰:"人也。夺伯氏骈邑三百,饭疏食,没齿无怨言。"

14.10　子曰:"贫而无怨难,富而无骄易。"

14.11　子曰:"孟公绰为赵、魏老则优,不可以为滕薛大夫。"

14.12　子路问成人。子曰:"若臧武仲之知,公绰之不欲,卞庄子之勇,冉求之艺,文之以礼乐,亦可以为成人矣。"曰:"今之成人者何必然?见利思义,见危授命,久要不忘平生之言,亦可以为成人矣。"

14.13　子问公叔文子于公明贾曰:"信乎?夫子不言,不笑,不取乎?"

公明贾对曰:"以告者过也,夫子时然后言,人不厌其言;乐然后笑,人不厌其笑;义然后取,人不厌其取。"

子曰:"其然,岂其然乎?"

14.14　子曰:"臧武仲以防求为后于鲁,虽曰不要君,吾不信也。"

14.15　子曰:"晋文公谲而不正,齐桓公正而不谲。"

14.16　子路曰:"桓公杀公子纠,召忽死之,管仲不死。"曰:"未仁乎?"子曰:"桓公九合诸侯,不以兵车,管仲之力也。如其仁!如其仁!"

14.17　子贡曰:"管仲非仁者与?桓公杀公子纠,不能死,又相之。"子曰:"管仲相桓公,霸诸侯,一匡天下,民到于今受其赐。微管仲,吾其被发左衽矣!岂若匹夫匹妇之为谅也,自经于沟渎而莫之知也。"

14.18　公叔文子之臣大夫僎与文子同升诸公。子闻之曰:"可以为文矣。"

14.19　子言卫灵公之无道也,康子曰:"夫如是,奚而不丧?"孔子曰:"仲叔圉治宾客,祝鮀治宗庙,王孙贾治军旅。夫如是,奚其丧?"

14.20　子曰:"其言之不怍,则为之也难!"

14.21　陈成子弑简公。孔子沐浴而朝,告于哀公曰:"陈恒弑其君,请讨之。"公曰:"告夫三子!"
　　　孔子曰:"以吾从大夫之后,不敢不告也。君曰'告夫三子'者。"之三子告,不可。孔子曰:"以吾从大夫之后,不敢不告也。"

14.22　子路问事君。子曰:"勿欺也,而犯之。"

14.23　子曰:"君子上达,小人下达。"

14.24　子曰:"古之学者为己,今之学者为人。"

14.25　蘧伯玉使人于孔子。孔子与之坐而问焉,曰:"夫子何为?"对曰:"夫子欲寡其过而未能也。"

使者出。子曰:"使乎!使乎!"

14.26 子曰:"不在其位,不谋其政。"

曾子曰:"君子思不出其位。"

14.27 子曰:"君子耻其言而过其行。"

14.28 子曰:"君子道者三,我无能焉:仁者不忧,知者不惑,勇者不惧。"

子贡曰:"夫子自道也。"

14.29 子贡方人。子曰:"赐也贤乎哉!夫我则不暇。"

14.30 子曰:"不患人之不己知,患其不能也。"

14.31 子曰:"不逆诈,不亿不信,抑亦先觉者,是贤乎!"

14.32 微生亩谓孔子曰:"丘何为是栖栖者与?无乃为佞乎?"孔子曰:"非敢为佞也,疾固也。"

14.33 子曰:"骥不称其力,称其德也。"

14.34 或曰:"以德报怨,何如?"子曰:"何以报德?以直报怨,以德报德。"

14.35 子曰:"莫我知也夫!"子贡曰:"何为其莫知子也?"子曰:"不怨天,不尤人;下学而上达。知我者其天乎!"

14.36 公伯寮愬子路于季孙。子服景伯以告,曰:"夫子固有惑志于公伯寮,吾力犹能肆诸市朝。"

子曰:"道之将行也与,命也。道之将废也与,命也。公伯寮其如命何!"

14.37 子曰:"贤者辟世,其次辟地,其次辟色,其次辟言。"子曰:"作者七人矣。"

14.38 子路宿于石门。晨门曰:"奚自?"子路曰:"自孔氏。"曰:"是知其不可而为之者与?"

14.39 子击磬于卫。有荷蒉而过孔氏之门者,曰:"有心哉!击磬乎!"既而曰:"鄙哉!硁硁乎!莫己知也,斯己而已矣。深则厉,浅则揭。"

子曰:"果哉!末之难矣。"

14.40 子张曰:"《书》云:'高宗谅阴,三年不言。'何谓也?"子曰:"何必高宗?古之人皆然。君薨,百官总己以听于冢宰三年。"

14.41 子曰:"上好礼,则民易使也。"

14.42 子路问君子。子曰:"修己以敬。"

曰:"如斯而已乎?"曰:"修己以安人。"

曰:"如斯而已乎?"曰:"修己以安百姓。修己以安百姓,尧、舜其犹病诸!"

14.43 原壤夷俟。子曰:"幼而不孙弟,长而无述焉,老而不死,是为贼!"以杖叩其胫。

14.44 阙党童子将命。或问之曰:"益者与?"子曰:"吾见其居于位也,见其与先生并行也。非求益者也,欲速成者也。"

卫灵公第十五

15.1　卫灵公问陈于孔子。孔子对曰:"俎豆之事,则尝闻之矣;军旅之事,未之学也。"明日遂行。

15.2　在陈绝粮,从者病,莫能兴。子路愠见曰:"君子亦有穷乎?"子曰:"君子固穷,小人穷斯滥矣。"

15.3　子曰:"赐也,女以予为多学而识之者与?"对曰:"然,非与?"曰:"非也。予一以贯之。"

15.4　子曰:"由!知德者鲜矣。"

15.5　子曰:"无为而治者,其舜也与!夫何为哉?恭己正南面而已矣。"

15.6　子张问行。子曰:"言忠信,行笃敬,虽蛮貊之邦,行矣;言不忠信,行不笃敬,虽州里,行乎哉?立,则见其参于前也;在舆,则见其倚于衡也。夫然后行!"子张书诸绅。

15.7　子曰:"直哉史鱼!邦有道,如矢;邦无道,如矢。君子哉蘧伯玉!邦有道,则仕;邦无道,则可卷而怀之。"

15.8　子曰:"可与言而不与之言,失人;不可与言而与之言,失

言。知者不失人，亦不失言。"

15.9 子曰："志士仁人，无求生以害仁，有杀身以成仁。"

15.10 子贡问为仁。子曰："工欲善其事，必先利其器。居是邦也，事其大夫之贤者，友其士之仁者。"

15.11 颜渊问为邦。子曰："行夏之时，乘殷之辂，服周之冕，乐则韶舞。放郑声，远佞人。郑声淫，佞人殆。"

15.12 子曰："人无远虑，必有近忧。"

15.13 子曰："已矣乎！吾未见好德如好色者也。"

15.14 子曰："臧文仲其窃位者与？知柳下惠之贤而不与立也。"

15.15 子曰："躬自厚而薄责于人，则远怨矣！"

15.16 子曰："不曰'如之何，如之何'者，吾末如之何也已矣。"

15.17 子曰："群居终日，言不及义，好行小慧，难矣哉！"

15.18 子曰："君子义以为质，礼以行之，孙以出之，信以成之。君子哉！"

15.19 子曰："君子病无能焉，不病人之不己知也。"

15.20 子曰："君子疾没世而名不称焉。"

15.21 子曰："君子求诸己，小人求诸人。"

15.22 子曰："君子矜而不争，群而不党。"

15.23 子曰："君子不以言举人，不以人废言。"

15.24 子贡问曰:"有一言而可以终身行之者乎?"子曰:"其恕乎!己所不欲,勿施于人。"

15.25 子曰:"吾之于人也,谁毁谁誉?如有所誉者,其有所试矣。斯民也,三代之所以直道而行也。"

15.26 子曰:"吾犹及史之阙文也,有马者借人乘之。今亡矣夫!"

15.27 子曰:"巧言乱德。小不忍则乱大谋。"

15.28 子曰:"众恶之,必察焉;众好之,必察焉。"

15.29 子曰:"人能弘道,非道弘人。"

15.30 子曰:"过而不改,是谓过矣。"

15.31 子曰:"吾尝终日不食,终夜不寝,以思,无益,不如学也。"

15.32 子曰:"君子谋道不谋食。耕也,馁在其中矣;学也,禄在其中矣。君子忧道不忧贫。"

15.33 子曰:"知及之,仁不能守之,虽得之,必失之。知及之,仁能守之,不庄以莅之,则民不敬。知及之,仁能守之,庄以莅之,动之不以礼,未善也。"

15.34 子曰:"君子不可小知而可大受也,小人不可大受而可小知也。"

15.35 子曰:"民之于仁也,甚于水火。水火,吾见蹈而死者矣,未见蹈仁而死者也。"

15.36 子曰:"当仁,不让于师。"

15.37　子曰："君子贞而不谅。"

15.38　子曰："事君，敬其事而后其食。"

15.39　子曰："有教无类。"

15.40　子曰："道不同，不相为谋。"

15.41　子曰："辞达而已矣。"

15.42　师冕见，及阶，子曰："阶也。"及席，子曰："席也。"皆坐，子告之曰："某在斯，某在斯。"

师冕出。子张问曰："与师言之道与？"子曰："然，固相师之道也。"

季氏第十六

16.1　季氏将伐颛臾。冉有、季路见于孔子，曰："季氏将有事于颛臾。"

孔子曰："求！无乃尔是过与？夫颛臾，昔者先王以为东蒙主，且在邦域之中矣，是社稷之臣也。何以伐为？"

冉有曰："夫子欲之，吾二臣者皆不欲也。"

孔子曰："求！周任有言曰：'陈力就列，不能者止。'危而不持，颠而不扶，则将焉用彼相矣？且尔言过矣，虎兕出于柙，龟玉毁于椟中，是谁之过与？"

冉有曰："今夫颛臾，固而近于费。今不取，后世必为子孙忧。"

孔子曰："求！君子疾夫舍曰欲之而必为之辞。丘也闻有国有家者，不患贫而患不均，不患寡而患不安。盖均无贫，和无寡，安无倾。夫如是，故远人不服，则修文德以来之。既来之，则安之。今由与求也，相夫子，远人不服，而不能来也；

邦分崩离析，而不能守也；而谋动干戈于邦内。吾恐季孙之忧，不在颛臾，而在萧墙之内也。"

16.2 孔子曰："天下有道，则礼乐征伐自天子出；天下无道，则礼乐征伐自诸侯出。自诸侯出，盖十世希不失矣；自大夫出，五世希不失矣；陪臣执国命，三世希不失矣。天下有道，则政不在大夫。天下有道，则庶人不议。"

16.3 孔子曰："禄之去公室五世矣，政逮于大夫四世矣，故夫三桓之子孙微矣。"

16.4 孔子曰："益者三友，损者三友。友直，友谅，友多闻，益矣；友便辟，友善柔，友便佞，损矣。"

16.5 孔子曰："益者三乐，损者三乐。乐节礼乐，乐道人之善，乐多贤友，益矣；乐骄乐，乐佚游，乐宴乐，损矣。"

16.6 孔子曰："侍于君子有三愆：言未及之而言谓之躁，言及之而不言谓之隐，未见颜色而言谓之瞽。"

16.7 孔子曰："君子有三戒：少之时，血气未定，戒之在色；及其壮也，血气方刚，戒之在斗；及其老也，血气既衰，戒之在得。"

16.8 孔子曰："君子有三畏：畏天命，畏大人，畏圣人之言。小人不知天命而不畏也，狎大人，侮圣人之言。"

16.9 孔子曰:"生而知之者,上也;学而知之者,次也;困而学之,又其次也。困而不学,民斯为下矣!"

16.10 孔子曰:"君子有九思:视思明,听思聪,色思温,貌思恭,言思忠,事思敬,疑思问,忿思难,见得思义。"

16.11 孔子曰:"见善如不及,见不善如探汤。吾见其人矣,吾闻其语矣。隐居以求其志,行义以达其道。吾闻其语矣,未见其人也。"

16.12 齐景公有马千驷,死之日,民无德而称焉。伯夷叔齐饿于首阳之下,民到于今称之。其斯之谓与?

16.13 陈亢问于伯鱼曰:"子亦有异闻乎?"

对曰:"未也。尝独立,鲤趋而过庭。曰:'学《诗》乎?'对曰:'未也。''不学《诗》,无以言。'鲤退而学《诗》。他日,又独立,鲤趋而过庭。曰:'学礼乎?'对曰:'未也。''不学礼,无以立!'鲤退而学礼。闻斯二者。"

陈亢退而喜曰:"问一得三:闻《诗》,闻礼,又闻君子之远其子也。"

16.14 邦君之妻,君称之曰夫人,夫人自称曰小童;邦人称之曰君夫人;称诸异邦曰寡小君;异邦人称之亦曰君夫人。

阳货第十七

17.1 阳货欲见孔子，孔子不见，归孔子豚。

孔子时其亡也，而往拜之，遇诸涂。

谓孔子曰："来！予与尔言。"曰："怀其宝而迷其邦，可谓仁乎？"曰："不可。好从事而亟失时，可谓知乎？"曰："不可。日月逝矣，岁不我与。"

孔子曰："诺。吾将仕矣。"

17.2 子曰："性相近也，习相远也。"

17.3 子曰："唯上知与下愚不移。"

17.4 子之武城，闻弦歌之声。夫子莞尔而笑曰："割鸡焉用牛刀？"

子游对曰："昔者偃也闻诸夫子曰：'君子学道则爱人，小人学道则易使也。'"

子曰："二三子！偃之言是也。前言戏之耳！"

17.5 公山弗扰以费畔，召，子欲往。

子路不说，曰："末之也，已，何必公山氏之之也？"子曰：

"夫召我者而岂徒哉？如有用我者，吾其为东周乎！"

17.6　子张问仁于孔子。孔子曰："能行五者于天下，为仁矣。"
"请问之。"曰："恭，宽，信，敏，惠。恭则不侮，宽则得众，信则人任焉，敏则有功，惠则足以使人。"

17.7　佛肸召，子欲往。
子路曰："昔者由也闻诸夫子曰：'亲于其身为不善者，君子不入也。'佛肸以中牟畔，子之往也，如之何？"
子曰："然。有是言也。不曰坚乎，磨而不磷；不曰白乎，涅而不缁。吾岂匏瓜也哉？焉能系而不食？"

17.8　子曰："由也，女闻六言六蔽矣乎？"对曰："未也。"
"居！吾语汝。好仁不好学，其蔽也愚；好知不好学，其蔽也荡；好信不好学，其蔽也贼；好直不好学，其蔽也绞；好勇不好学，其蔽也乱；好刚不好学，其蔽也狂。"

17.9　子曰："小子何莫学夫《诗》？《诗》可以兴，可以观，可以群，可以怨。迩之事父，远之事君。多识于鸟兽草木之名。"

17.10　子谓伯鱼曰："女为《周南》《召南》矣乎？人而不为《周南》、《召南》，其犹正墙面而立也与！"

17.11　子曰："礼云礼云，玉帛云乎哉？乐云乐云，钟鼓云乎哉？"

17.12　子曰："色厉而内荏，譬诸小人，其犹穿窬之盗也与？"

17.13　子曰:"乡愿,德之贼也!"

17.14　子曰:"道听而涂说,德之弃也!"

17.15　子曰:"鄙夫可与事君也与哉?其未得之也,患得之;既得之,患失之。苟患失之,无所不至矣。"

17.16　子曰:"古者民有三疾,今也或是之亡也。古之狂也肆,今之狂也荡;古之矜也廉,今之矜也忿戾;古之愚也直,今之愚也诈而已矣。"

17.17　子曰:"巧言令色,鲜矣仁。"

17.18　子曰:"恶紫之夺朱也,恶郑声之乱雅乐也,恶利口之覆邦家者。"

17.19　子曰:"予欲无言。"子贡曰:"子如不言,则小子何述焉?"子曰:"天何言哉?四时行焉,百物生焉。天何言哉?"

17.20　孺悲欲见孔子,孔子辞以疾。将命者出户,取瑟而歌,使之闻之。

17.21　宰我问:"三年之丧,期已久矣。君子三年不为礼,礼必坏;三年不为乐,乐必崩。旧谷既没,新谷既升,钻燧改火,期可已矣。"

子曰:"食夫稻,衣夫锦,于女安乎?"

曰:"安。"

"女安，则为之！夫君子之居丧，食旨不甘，闻乐不乐，居处不安，故不为也。今女安，则为之！"

宰我出。子曰："予之不仁也！子生三年，然后免于父母之怀。夫三年之丧，天下之通丧也。予也有三年之爱于其父母乎？"

17.22 子曰："饱食终日，无所用心，难矣哉！不有博弈者乎？为之犹贤乎已。"

17.23 子路曰："君子尚勇乎？"子曰："君子义以为上。君子有勇而无义为乱，小人有勇而无义为盗。"

17.24 子贡曰："君子亦有恶乎？"子曰："有恶，恶称人之恶者，恶居下流而讪上者，恶勇而无礼者，恶果敢而窒者。"

曰："赐也亦有恶乎？""恶徼以为知者，恶不孙以为勇者，恶讦以为直者。"

17.25 子曰："唯女子与小人为难养也，近之则不孙，远之则怨。"

17.26 子曰："年四十而见恶焉，其终也已。"

微子第十八

18.1 微子去之，箕子为之奴，比干谏而死。孔子曰："殷有三仁焉。"

18.2 柳下惠为士师，三黜。人曰："子未可以去乎？"曰："直道而事人，焉往而不三黜？枉道而事人，何必去父母之邦？"

18.3 齐景公待孔子，曰："若季氏，则吾不能；以季、孟之间待之。"曰："吾老矣，不能用也。"孔子行。

18.4 齐人归女乐，季桓子受之，三日不朝。孔子行。

18.5 楚狂接舆歌而过孔子曰："凤兮！凤兮！何德之衰？往者不可谏，来者犹可追。已而！已而！今之从政者殆而！"
孔子下，欲与之言。趋而辟之，不得与之言。

18.6 长沮、桀溺耦而耕，孔子过之，使子路问津焉。
长沮曰："夫执舆者为谁？"子路曰："为孔丘。"
曰："是鲁孔丘与？"曰："是也。"曰："是知津矣。"
问于桀溺。桀溺曰："子为谁？"
曰："为仲由。"曰："是鲁孔丘之徒与？"对曰："然。"曰：

"滔滔者天下皆是也，而谁以易之？且而与其从辟人之士也，岂若从辟世之士哉？"耰而不辍。

子路行以告。夫子怃然曰："鸟兽不可与同群，吾非斯人之徒与而谁与？天下有道，丘不与易也。"

18.7　子路从而后，遇丈人，以杖荷蓧。

子路问曰："子见夫子乎？"丈人曰："四体不勤，五谷不分，孰为夫子？"植其杖而芸。

子路拱而立。

止子路宿，杀鸡为黍而食之，见其二子焉。

明日，子路行以告。子曰："隐者也。"使子路反见之。至，则行矣。

子路曰："不仕无义。长幼之节，不可废也；君臣之义，如之何其废之？欲洁其身，而乱大伦。君子之仕也，行其义也。道之不行，已知之矣。"

18.8　逸民：伯夷、叔齐、虞仲、夷逸、朱张、柳下惠、少连。

子曰："不降其志，不辱其身，伯夷、叔齐与！"谓："柳下惠、少连，降志辱身矣。言中伦，行中虑，其斯而已矣。"谓："虞仲、夷逸，隐居放言。身中清，废中权。我则异于是，无可无不可。"

18.9 大师挚适齐,亚饭干适楚,三饭缭适蔡,四饭缺适秦。鼓方叔入于河,播鼗武入于汉,少师阳、击磬襄入于海。

18.10 周公谓鲁公曰:"君子不施其亲,不使大臣怨乎不以。故旧无大故,则不弃也。无求备于一人。"

18.11 周有八士:伯达、伯适、仲突、仲忽、叔夜、叔夏、季随、季騧。

子张第十九

19.1　子张曰:"士见危致命,见得思义,祭思敬,丧思哀,其可已矣。"

19.2　子张曰:"执德不弘,信道不笃,焉能为有?焉能为亡?"

19.3　子夏之门人问交于子张。子张曰:"子夏云何?"

对曰:"子夏曰:'可者与之,其不可者拒之。'"

子张曰:"异乎吾所闻,君子尊贤而容众,嘉善而矜不能。我之大贤与,于人何所不容?我之不贤与,人将拒我,如之何其拒人也?"

19.4　子夏曰:"虽小道,必有可观者焉;致远恐泥,是以君子不为也。"

19.5　子夏曰:"日知其所亡,月无忘其所能,可谓好学也已矣。"

19.6　子夏曰:"博学而笃志,切问而近思,仁在其中矣。"

19.7　子夏曰:"百工居肆以成其事,君子学以致其道。"

19.8　子夏曰:"小人之过也必文。"

19.9 子夏曰："君子有三变：望之俨然，即之也温，听其言也厉。"

19.10 子夏曰："君子信而后劳其民，未信，则以为厉己也；信而后谏，未信，则以为谤己也。"

19.11 子夏曰："大德不逾闲，小德出入可也。"

19.12 子游曰："子夏之门人小子，当洒扫、应对、进退，则可矣，抑末也。本之则无，如之何？"

子夏闻之，曰："噫！言游过矣！君子之道，孰先传焉？孰后倦焉？譬诸草木，区以别矣。君子之道，焉可诬也？有始有卒者，其惟圣人乎？"

19.13 子夏曰："仕而优则学，学而优则仕。"

19.14 子游曰："丧致乎哀而止。"

19.15 子游曰："吾友张也，为难能也。然而未仁。"

19.16 曾子曰："堂堂乎张也，难与并为仁矣。"

19.17 曾子曰："吾闻诸夫子：人未有自致者也，必也亲丧乎。"

19.18 曾子曰："吾闻诸夫子：孟庄子之孝也，其他可能也，其不改父之臣与父之政，是难能也。"

19.19 孟氏使阳肤为士师，问于曾子，曾子曰："上失其道，民散久矣。如得其情，则哀矜而勿喜。"

19.20 子贡曰："纣之不善，不如是之甚也。是以君子恶居下流，天下之恶皆归焉。"

19.21 子贡曰:"君子之过也,如日月之食焉。过也,人皆见之;更也,人皆仰之。"

19.22 卫公孙朝问于子贡曰:"仲尼焉学?"子贡曰:"文、武之道,未坠于地,在人。贤者识其大者,不贤者识其小者。莫不有文、武之道焉。夫子焉不学?而亦何常师之有?"

19.23 叔孙武叔语大夫于朝,曰:"子贡贤于仲尼。"

子服景伯以告子贡。

子贡曰:"譬之宫墙,赐之墙也及肩,窥见室家之好。夫子之墙数仞,不得其门而入,不见宗庙之美、百官之富。得其门者或寡矣。夫子之云,不亦宜乎!"

19.24 叔孙武叔毁仲尼。子贡曰:"无以为也!仲尼不可毁也。他人之贤者,丘陵也,犹可逾也;仲尼,日月也,无得而逾焉。人虽欲自绝,其何伤于日月乎?多见其不知量也!"

19.25 陈子禽谓子贡曰:"子为恭也,仲尼岂贤于子乎?"

子贡曰:"君子一言以为知,一言以为不知,言不可不慎也。夫子之不可及也,犹天之不可阶而升也。夫子之得邦家者,所谓立之斯立,道之斯行,绥之斯来,动之斯和。其生也荣,其死也哀。如之何其可及也?"

尧曰第二十

20.1 尧曰:"咨!尔舜!天之历数在尔躬,允执其中。四海困穷,天禄永终。"

舜亦以命禹。

曰:"予小子履,敢用玄牡,敢昭告于皇皇后帝:有罪不敢赦,帝臣不蔽,简在帝心。朕躬有罪,无以万方;万方有罪,罪在朕躬。"

周有大赉,善人是富。"虽有周亲,不如仁人。百姓有过,在予一人。"谨权量,审法度,修废官,四方之政行焉。兴灭国,继绝世,举逸民,天下之民归心焉。

所重:民、食、丧、祭。

宽则得众,信则民任焉。敏则有功,公则说。

20.2 子张问于孔子曰:"何如斯可以从政矣?"

子曰:"尊五美,屏四恶,斯可以从政矣。"

子张曰:"何谓五美?"

子曰:"君子惠而不费,劳而不怨,欲而不贪,泰而不骄,威而不猛。"

子张曰:"何谓惠而不费?"

子曰:"因民之所利而利之,斯不亦惠而不费乎!择可劳而劳之,又谁怨?欲仁而得仁,又焉贪?君子无众寡,无小大,无敢慢,斯不亦泰而不骄乎!君子正其衣冠,尊其瞻视,俨然人望而畏之,斯不亦威而不猛乎?"

子张曰:"何谓四恶?"

子曰:"不教而杀谓之虐;不戒视成谓之暴;慢令致期谓之贼;犹之与人也,出纳之吝谓之有司。"

20.3　孔子曰:"不知命,无以为君子也。不知礼,无以立也。不知言,无以知人也。"

代后记

《论语》的温度

于 丹

对《论语》的情感,一向是"敬"而不"畏";对《论语》的感觉,从来是朴素而温暖。

在北方一个以温泉著称的小城里,曾经见过一口奇特的"问病泉",据说任何人舒舒服服地泡进去,一下子就感知到自己身体的病灶所在:有关节炎的人四肢关节就会麻酥酥有了感觉,有肠胃病的人肠胃间就会火辣辣涌起热流,而有皮肤病的人则周身通泰,洗掉一层,蝉蜕一般……

我眼中的《论语》,就是这样一眼温暖的活水泉。

以我的学养和阅历,真要作《论语》的讲解和辨析,万万不敢。那就像是让我去作这眼温泉的化学成分分析一样,我没有能力拿出一份数据精准的化验报告。我所能担承的角色只是一个体验者,以身体之，以血验之，像两千多年中数以千万计泡过这眼温泉的人一样，用自己的身体最敏感的病灶去承受温泉的恩惠。

仁者见其仁，智者见其智。经典的价值或许并不在于令人敬畏到顶礼膜拜，而恰恰在于它的包容与流动，可以让千古人群温暖地浸润其中，在每一个生命个体中，以不同的感悟延展了殊途同归的价值。所谓"道不远人"，大概如此。

我眼中真正的圣贤从来不拎着晦涩艰深的典故吓唬人，也从来不堆砌出佶屈聱牙的言语麻烦人。孔子说："予欲无言。"子贡慌慌地问："子如不言，则小子何述焉？"孔子益发淡定，说："天何言哉？四时行焉，百物生焉。天何言哉？"

这个世界上的简单真理之所以深入人心，是因为它们从不表现为一种外在的灌输，而是对于每个心灵内在的唤醒。

《论语》中的简单真理之所以穿越千古尘埃，正缘于它能让后世子子孙孙在日益繁盛而迷惑的物质文明中得以秉持民族的根性，不至于因为可供选择的机遇过多而仓惶。

受益的人也许"觉"在某一刻，怦然心动，醍醐灌顶；也许"悟"在漫漫岁月，用一生的历练完成一次不可复制的解读。

真的要感谢"百家讲坛"，用"心得"这个角度鼓励我走近《论语》。千颗心有千种所得，万颗心有万种所得，而我只不过是其中的一心之得。我们在当下的生活解读中豁然开朗，圣人在千古之前应该会缄默微笑。

古有"半部《论语》治天下"之说，那是将《论语》奉为中国文化思想的渊源；而我宁愿说"半部《论语》修自身"，人人皆可视之为一眼温暖的"问病泉"。

  可以得之于心的《论语》，不是被汉武帝罢黜了百家之后刻意独尊的"儒术"，不是与"道""释"并称仪式庄严的"儒教"，不是被穷究义理囿于考据的"儒学"。

  可以得之于心的《论语》，是每个人心中有而口中无的简单真理。

  所以，我看《论语》的温度，不烫手，亦不冰冷，略高于体温，千古恒常。

二〇〇六年十一月十六日子夜

Simplified Chinese Copyright ©2017 by SDX Joint Publishing Company.
All Rights Reserved.
本作品中文版权由生活·读书·新知三联书店所有。
未经许可，不得翻印。

图书在版编目（CIP）数据

于丹《论语》心得 / 于丹著 . — 新版 . — 北京：
生活·读书·新知三联书店, 2017.5
ISBN 978-7-108-05848-5

Ⅰ.①于… Ⅱ.①于… Ⅲ.①儒家②《论语》—通俗读物 Ⅳ.①B222.2-49

中国版本图书馆CIP数据核字(2016)第278431号

责任编辑	黄晓玉
装帧设计	罗　洪
责任印制	卢　岳
出版统筹	王博文　姜仕侬
出版发行	生活·讀書·新知 三联书店
	(北京市东城区美术馆东街22号)
邮　　编	100010
经　　销	新华书店
印　　刷	北京市松源印刷有限公司
	北京隆昌伟业印刷有限公司
	北京彩云龙印刷有限公司
版　　次	2017年5月北京第1版
	2017年5月北京第1次印刷
开　　本	720毫米×1015毫米 1/16 印张 15
字　　数	136千字
印　　数	000,001-300,000册
定　　价	39.80元